監修　菊池洋匡（伸学会）

1日《にち》5分《ふん》!

タイプ別《べつ》診《しん》断《だん》でわかる

勉《べん》強《きょう》のやり方《かた》 5

イラスト　深蔵

はじめに

この本《ほん》を手《て》にとってくれたきみは、勉強《べんきょう》が好《す》きで、もっとできるようになりたいと思《おも》っている子《こ》だろうか？　それとも、勉強《べんきょう》が嫌《きら》いで、どうにかしなきゃいけないと思《おも》っている子《こ》だろうか？

私《わたし》は小《ちい》さいころは勉強《べんきょう》が好《す》きだったんだけど、小学《しょうがく》5年生《ねんせい》から中学受験《ちゅうがくじゅけん》のために塾《じゅく》に通《かよ》うようになって、親《おや》に「もっと勉強《べんきょう》しろ」といわれつづけて、すっかり勉強《べんきょう》が嫌《きら》いになってしまったんだ。

でも、高校《こうこう》3年生《ねんせい》になって大学受験《だいがくじゅけん》のために勉強《べんきょう》しようと決心《けっしん》し

1H

て、自分《じぶん》で計画《けいかく》を立《た》ててとり組《く》むようにしたら、また勉強《べんきょう》が楽《たの》しくなったんだ。成績《せいせき》もすごくのびた。勉強《べんきょう》はやり方《かた》しだいで楽《たの》しくできるし、テストでも良《よ》い点数《てんすう》がとれるようになるんだね。

大学生《だいがくせい》になって塾講師《じゅくこうし》の仕事《しごと》をはじめてから、そのことをたくさんの生徒《せいと》たちに教《おし》えてきた。生徒《せいと》の中《なか》にはいろんな性格《せいかく》の子《こ》がいたので、その子《こ》に合《あ》わせた教《おし》え方《かた》もくふうしてきたよ。この本《ほん》では、性格《せいかく》のタイプ別《べつ》におすすめの勉強法《べんきょうほう》をまとめたから、ぜひ活用《かつよう》して勉強《べんきょう》を楽《たの》しんでね。そして良《よ》い成績《せいせき》をとっちゃおう！

伸学会《しんがくかい》　菊池洋匡《きくちひろただ》

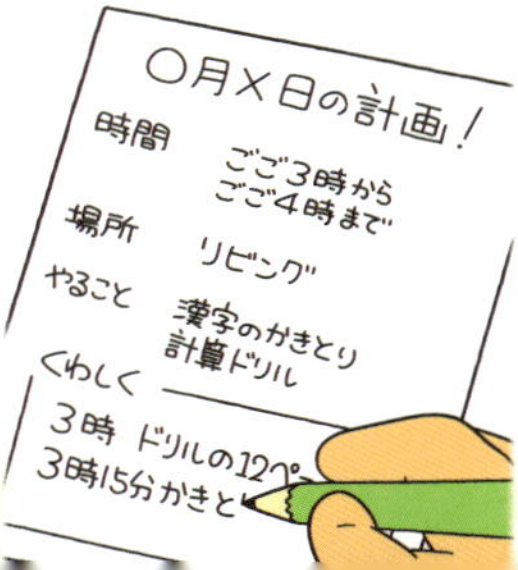
○月×日の計画！
時間
ごご3時から
ごご4時まで
場所
リビング
やること
漢字のかきとり
計算ドリル
くわしく
3時 ドリルの12ペ
3時15分かきと

目次《もくじ》

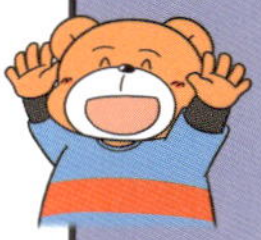

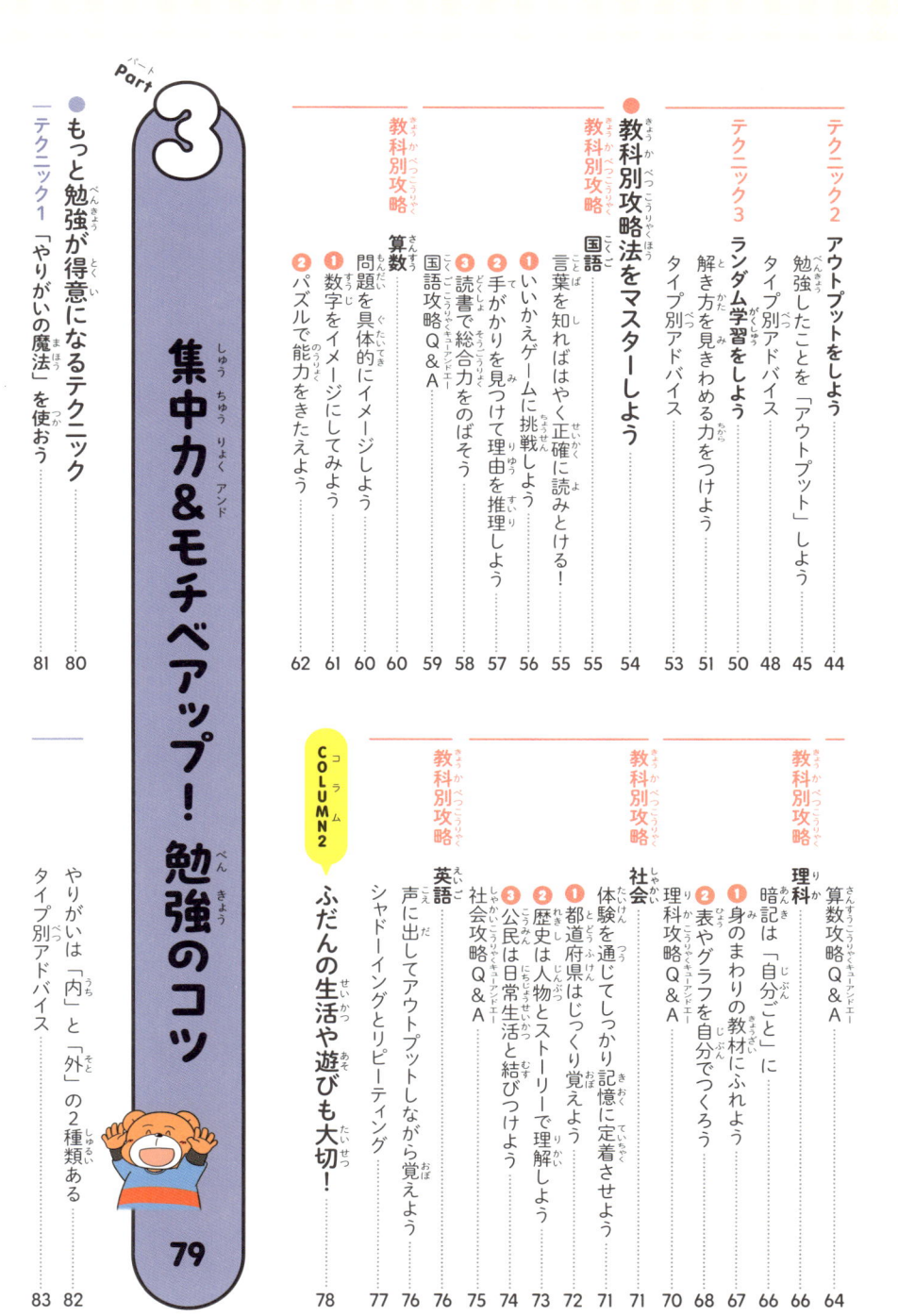

Part《パート》4 勉強《べんきょう》いろいろQ&A《キュー アンド エー》 109

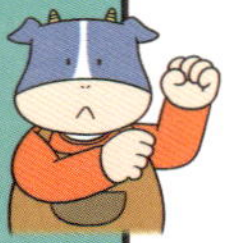

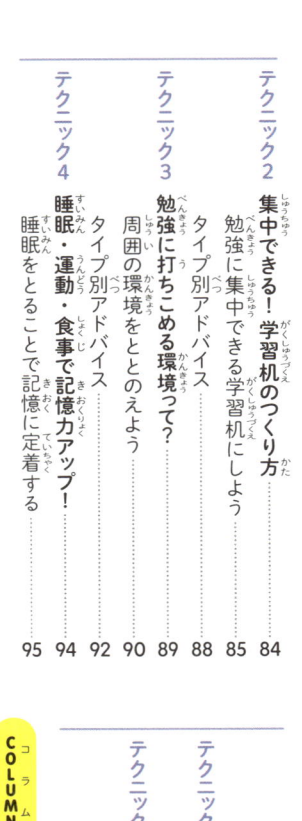

Part《パート》 1

勉《べん》強《きょう》は「攻《こう》略《りゃく》」できる！

最近《さいきん》ぜんぜん勉強《べんきょう》やる気《き》ないじゃないか
将来《しょうらい》のためになるし知識《ちしき》も身《み》について楽《たの》しいだろう
――ていうことがあってさぁ
やれっていわれるとやる気《き》なくすよねー
ゲームの方《ほう》が楽《たの》しいもんね
おこられるからしかたなくだよね～
わかるわかる！やる気《き》が出《で》ないのはしょうがないよな
ぬっ

そんなきみたちにこそ勉強《べんきょう》のコツをマスターしてほしいんだ
キクチ先生《せんせい》
えー
先生《せんせい》もどうせ「勉強《べんきょう》を好《す》きになれ」っていうんでしょ？
いいやいわないよ「好《す》きになれ」や「やる気《き》を出《だ》せ」で勉強《べんきょう》ができるようになれば苦労《くろう》しないよな
成績《せいせき》アップ
ぼくが教《おし》えるのはズバリ勉強《べんきょう》の「攻略法《こうりゃくほう》」さ！
攻略《こうりゃく》……？勉強《べんきょう》を攻略《こうりゃく》するの〜？
ゲームみたいだけどどういうこと？
気《き》になってきたろ？それじゃあ勉強《べんきょう》のラクラク攻略法《こうりゃくほう》を見《み》ていこう！

そもそも「勉《べん》強《きょう》」ってなんだろう？

勉《べん》強《きょう》とは「攻《こう》略《りゃく》法《ほう》」を知《し》ること

「国《こく》語《ご》とか算《さん》数《すう》とかの教《きょう》科《か》を、学《がっ》校《こう》で学《まな》ぶことが勉《べん》強《きょう》でしょ？」

そんな風《ふう》に思《おも》っている人《ひと》が多《おお》いかもしれないね。もちろん学《がっ》校《こう》の授《じゅ》業《ぎょう》も勉《べん》強《きょう》のひとつだけど、「勉《べん》強《きょう》」はもっと広《ひろ》い意《い》味《み》をもつ言《こと》葉《ば》なんだ。

たとえば、将《しょう》来《らい》デザイナーになりたくてデザインを学《まな》ぶのも勉《べん》強《きょう》。攻《こう》略《りゃく》サイトでゲームの情《じょう》報《ほう》を集《あつ》めるのも、料《りょう》理《り》のレシピを見《み》るのも、勉《べん》強《きょう》といえるんだ。

勉《べん》強《きょう》とは、「何《なに》かにとり組《く》むときの攻《こう》略《りゃく》法《ほう》を知《し》ること」なんだよ。

攻略《こうりゃく》には、基礎《きそ》知識《ちしき》が必要《ひつよう》

　何《なに》かにとり組《く》むための攻略法《こうりゃくほう》を知《し》るのが勉強《べんきょう》なら、学校《がっこう》で学《まな》ぶ国語《こくご》や算数《さんすう》にはなんの意味《いみ》があるんだろう。

　じつは、何《なに》かの攻略法《こうりゃくほう》を調《しら》べるとき、基本的《きほんてき》な知識《ちしき》がないと、内容《ないよう》を正《ただ》しく理解《りかい》できないんだ。たとえば、国語《こくご》ができないと、ゲームの攻略《こうりゃく》サイトの文章《ぶんしょう》を読《よ》みとけないし、おとなになって税金《ぜいきん》の計算《けいさん》をするときには、算数《さんすう》の知識《ちしき》は欠《か》かせない。社会科《しゃかいか》で世《よ》の中《なか》のしくみを学《まな》ぶことも大切《たいせつ》だね。

　今《いま》、みんなが学《まな》んでいる教科《きょうか》は、「世《よ》の中《なか》の攻略法《こうりゃくほう》」を読《よ》みとくための基礎《きそ》づくりなんだ。

土台《どだい》に基礎知識《きそちしき》が
あれば 攻略法《こうりゃくほう》を
正《ただ》しく読《よ》みとける！
攻略法《こうりゃくほう》の知識《ちしき》
基礎知識《きそちしき》
（国語《こくご》、算数《さんすう》、理科《りか》、
社会《しゃかい》、英語《えいご》など）

「勉強《べんきょう》ができる人《ひと》」ってどんな人《ひと》？

勉強《べんきょう》ができる人《ひと》って成績《せいせき》がトップの人《ひと》とか？
ドリルを何時間《なんじかん》でもできる人《ひと》かな？
遊《あそ》びより勉強《べんきょう》が好《す》きとか
そんなのムリだよ〜〜〜
心配《しんぱい》しなくても大丈夫《だいじょうぶ》！
長時間《ちょうじかん》やらなくても苦手《にがて》なものがあっても勉強《べんきょう》ができるようになるんだ
「勉強《べんきょう》ができる」ってどういうことか
これから見《み》ていこう！

1 短《たん》時《じ》間《かん》で効《こう》率《りつ》よく記《き》憶《おく》や理《り》解《かい》ができる

勉強《べんきょう》ができる人《ひと》になるには、毎《まい》日《にち》何《なん》時《じ》間《かん》も勉強《べんきょう》しなきゃいけないと思《おも》っていない？

毎《まい》日《にち》遅《おそ》くまで机《つくえ》にむかっているからといって、テストでいい点《てん》をとれるとは限《かぎ》らないよ。たとえ短《たん》時《じ》間《かん》でも、記《き》憶《おく》にしっかり定着《ていちゃく》するような勉強《べんきょう》をした方《ほう》が、成績《せいせき》アップの確率《かくりつ》があがるんだ。

この本《ほん》で紹介《しょうかい》している勉強法《べんきょうほう》なら、今《いま》まで2時《じ》間《かん》かけていた勉強《べんきょう》を、1時《じ》間《かん》で終《お》えられるようになるはず！　勉強《べんきょう》をラクに攻略《こうりゃく》して、あまった時《じ》間《かん》を自《じ》分《ぶん》の好《す》きなことにつかえるようになろう。

● 効率《こうりつ》がわるいと——

ずっと机《つくえ》に
むかっているけど
ぜんぜん頭《あたま》に
入《はい》ってこないよ……

● 効率《こうりつ》がいいと——

集中《しゅうちゅう》できた！
1時《じ》間《かん》で
よくわかるように
なったよ♪
1H

2 勉強《べんきょう》するのが習慣《しゅうかん》になっている

毎日学校《まいにちがっこう》にいって、終《お》わったら習《なら》いごとにいったり、友《とも》だちと遊《あそ》んだり、趣味《しゅみ》を楽《たの》しんだり……。1日《にち》は24時間《じかん》しかないから、勉強《べんきょう》をする時間《じかん》がないという人《ひと》もいるかもしれないね。

だけど、ごはんを食《た》べる、おふろに入《はい》る、歯《は》をみがくなど、毎日《まいにち》やっていることは、いくらいそがしくても忘《わす》れずにできるもの。

勉強《べんきょう》も、ごはんやおふろのように、「毎日《まいにち》の習慣《しゅうかん》」にしてしまおう！　そうすることで、「いつ勉強《べんきょう》しよう」となやむことがなくなるんだ。

● 勉強《べんきょう》の習慣《しゅうかん》の例《れい》

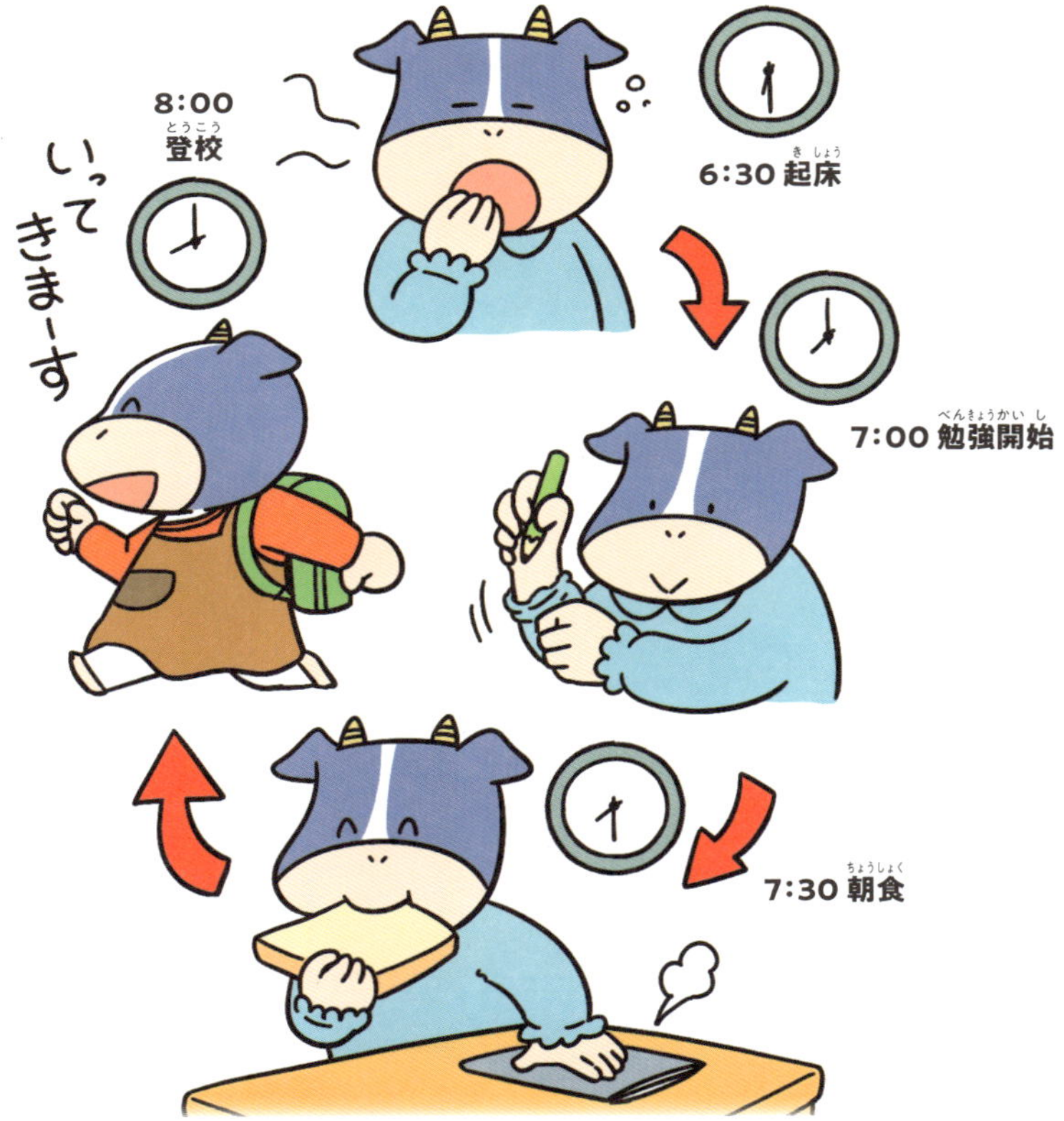
6:30 起床《きしょう》
7:00 勉強開始《べんきょうかいし》
7:30 朝食《ちょうしょく》
8:00 登校《とうこう》
いってきまーす

3 自分《じぶん》にぴったりの勉強法《べんきょうほう》を知《し》っている

ひとりでマイペースに勉強《べんきょう》したい人《ひと》もいれば、友《とも》だちといっしょに勉強《べんきょう》したい人《ひと》もいる。ゲームでキャラを「育成《いくせい》」するように、点《てん》数《すう》をあげることを楽《たの》しむ人《ひと》もいれば、ライバルに勝《か》つことを目標《もくひょう》に勉強《べんきょう》をがんばっている人《ひと》もいる。

効果的《こうかてき》にモチベーション（やる気《き》）を保《たも》つ方法《ほうほう》は、人《ひと》によってちがうもの。自分《じぶん》にぴったりの勉強法《べんきょうほう》や、やる気《き》の保《たも》ち方《かた》を知《し》れば、勉《べん》強《きょう》の効率《こうりつ》がぐーんとアップするよ。

この本《ほん》では、基本《きほん》の勉強法《べんきょうほう》とともに、４つのタイプ別《べつ》アドバイスを紹介《しょうかい》しているよ。次《つぎ》のページの診断《しんだん》で、きみがどのタイプかを確《かく》認《にん》してみよう！

まけない！
コツコツと
たのしく！

きみには どんな勉強法《べんきょうほう》が 合《あ》っているかな？

勉《べん》強《きょう》のやり方《かた》タイプ別《べつ》診《しん》断《だん》

リストA《エー》からD《ディー》までのチェックリストの中《なか》から当《あ》てはまるものをチェックしよう。チェックの数《かず》が多《おお》いリストから、きみのタイプがわかるよ。チェックの数《かず》が同《おな》じリストがあったら、それらのどのタイプのアドバイスも有効《ゆうこう》だよ。

リストA《エー》

- ☐ 好《す》ききらいがはっきりしているほうだ。
- ☐ まちづくりなど、何《なに》かをつくるゲームが好《す》き。
- ☐ だれにも負《ま》けないくらい得意《とくい》なことがある。
- ☐ 計画《けいかく》を立《た》てずに行動《こうどう》することが多《おお》い。
- ☐ 人《ひと》からどう見《み》られるかはあまり気《き》にならない。

このリストのチェックが多《おお》い人《ひと》は
18ページへ

リストB《ビー》

- ☐ 自分《じぶん》は負《ま》けずぎらいだと思《おも》う。
- ☐ ほかのプレイヤーと対戦《たいせん》するゲームが好《す》き。
- ☐ 自分《じぶん》で考《かんが》えて行動《こうどう》するほうだ。
- ☐ 学級委員《がっきゅういいん》や班長《はんちょう》をやることが多《おお》い。
- ☐ 友《とも》だちが成功《せいこう》すると、正直《しょうじき》くやしくなる。

このリストのチェックが多《おお》い人《ひと》は
19ページへ

リストC《シー》

- □ 人《ひと》の意見《いけん》をよく聞《き》くほうだと思《おも》う。
- □ おおぜいで楽《たの》しめるパーティーゲームが好《す》き。
- □ 友《とも》だちのさそいは、基本的《きほんてき》に断《ことわ》らない。
- □ 人《ひと》からどう見《み》られているか気《き》になるときがある。
- □ 友《とも》だちの成功《せいこう》は、自分《じぶん》のことのようにうれしい。

このリストのチェックが多《おお》い人《ひと》は
20ページへ

人《ひと》のタイプは、
環境《かんきょう》や経験《けいけん》で
かわっていくもの。
「自分《じぶん》はこのタイプ
なんだ」と思《おも》いこまず
自分《じぶん》のタイプ以外《いがい》の
アドバイスも見《み》てみよう!
新《あたら》しい発見《はっけん》があるはずだよ

リストD《ディー》

- □ やると決《き》めたことは最後《さいご》までがんばる。
- □ ゲームは、やりこみ要素《ようそ》のあるものが好《す》き。
- □ 夏休《なつやす》みの宿題《しゅくだい》は計画的《けいかくてき》にやる方《ほう》だ。
- □ 長《なが》く続《つづ》けている趣味《しゅみ》や習《なら》いごとがある。
- □ 事前《じぜん》の予定《よてい》がくずれるとモヤモヤする。

このリストのチェックが多《おお》い人《ひと》は
21ページへ

A《エー》タイプのきみは……

興味《きょうみ》をもったらまっしぐら！

アーティストタイプ

好奇心《こうきしん》が強《つよ》く、興味《きょうみ》があることにはとことん熱中《ねっちゅう》！　好《す》きな教科《きょうか》に対《たい》しては、まわりがおどろくほどの集中力《しゅうちゅうりょく》を発揮《はっき》するよ。

一方《いっぽう》で、興味《きょうみ》がもてないことに対《たい》しては、そっぽを向《む》きがち。「勉強《べんきょう》自体《じたい》は好《す》きじゃないけど、理科《りか》はだれにも負《ま》けない！」というように、得意《とくい》教科《きょうか》と苦手《にがて》教科《きょうか》の差《さ》がはっきりしている人《ひと》が多《おお》いんだ。

特《とく》ちょう

- 好《す》きな教科《きょうか》の成績《せいせき》がいい
- 苦手《にがて》な教科《きょうか》の勉強《べんきょう》をほとんどしない
- マイルールがあって、「勉強《べんきょう》しろ」といわれると、やる気《き》がなくなる

B《ビー》タイプのきみは……

ライバルがいるほど燃《も》えあがる!
プライドタイプ

負《ま》けずぎらいで、「勝《か》ちたい!」という気《き》もちが強《つよ》いきみは、プライドタイプだよ。

勉強《べんきょう》がつらいときでも、ライバルがいれば「あいつには負《ま》けないぞ」と心《こころ》の支《ささ》えになってくれるよね。目標《もくひょう》をこえるために努力《どりょく》できるのが、すごいところ。勝《か》てないとくやしくて泣《な》いちゃう……なんてところも、気《き》もちの強《つよ》さのあらわれだね!

特《とく》ちょう

- 負《ま》けたくない気《き》もちで努力《どりょく》できる
- 人《ひと》にほめられるのが好《す》き
- 負《ま》けつづけると、モチベーションがさがりがち……

C《シー》タイプのきみは……

みんなと「いっしょ」がやる気《き》のもと

ワイワイタイプ

「みんなとがんばる」、「相手《あいて》をよろこばせたい」という気《き》もちが勉《べん》強《きょう》のモチベーションになるタイプ。ひとりだとやる気《き》が出《で》なくても、友《とも》だちやおうちの人《ひと》といっしょなら勉強《べんきょう》しようと思《おも》えるよ。

宿題《しゅくだい》など、やらなきゃいけないことは、友《とも》だちと遊《あそ》ぶ前《まえ》に、いっしょにやるのがおすすめ。目標《もくひょう》を共有《きょうゆう》して、はげまし合《あ》えるといいね！

特《とく》ちょう

- だれかに教《おし》えてあげるのが好《す》き
- よろこんでくれる人《ひと》がいると苦手《にがて》なこともがんばれる
- 勉強《べんきょう》自体《じたい》より、だれかといっしょに勉強《べんきょう》するのが好《す》き

D《ディー》タイプのきみは……

自分《じぶん》を「育成《いくせい》」するのが好《す》き

コツコツタイプ

自分《じぶん》をレベルアップさせるために、毎日《まいにち》コツコツと努力《どりょく》できる人《ひと》。「前回《ぜんかい》のテストより10点《てん》あがった」「毎日《まいにち》きっちり1時間《じかん》勉強《べんきょう》できた」というのが、勉強《べんきょう》のモチベーションになるよ。

努力家《どりょくか》だから、勉強《べんきょう》が得意《とくい》という子《こ》も多《おお》いみたい。勉強《べんきょう》の攻略法《こうりゃくほう》を身《み》につければ、成績《せいせき》がさらにアップすることまちがいなし！

特《とく》ちょう

- 勉強《べんきょう》そのものを楽《たの》しむことができる
- 勉強《べんきょう》を習慣化《しゅうかんか》しやすい
- 「長《なが》い時間勉強《じかんべんきょう》をすること」にこだわってしまう一面《いちめん》も

COLUMN《コラム》 1

勉強《べんきょう》タイプは親子《おやこ》でもちがう？

勉強《べんきょう》にはおうちの人《ひと》の理解《りかい》や協力《きょうりょく》が必要《ひつよう》になることもある。このコラムでは、おうちの人《ひと》にも知《し》っておいてほしい情報《じょうほう》を紹介《しょうかい》していくよ。

親《おや》が成功《せいこう》した勉強法《べんきょうほう》が子《こ》どもにも合《あ》うとはかぎらない

「自分《じぶん》はむかし、この勉強法《べんきょうほう》で成績《せいせき》がのびたから、子《こ》どもに教《おし》えてあげたけど、結果《けっか》が出《で》ない……」

じつは、おうちの人《ひと》のなかには、こんななやみをかかえている人《ひと》が、意外《いがい》と多《おお》いんだ。原因《げんいん》は、おうちの人《ひと》とその子《こ》どもとで、勉強《べんきょう》のタイプがちがうこと。

だれにでもぴったり合《あ》う勉強法《べんきょうほう》、というのはないよ。おうちの人《ひと》に合《あ》った勉強法《べんきょうほう》が、その子《こ》どもにはハマらないということも多《おお》いんだ。おうちの人《ひと》がすすめてくれる勉強法《べんきょうほう》が自分《じぶん》に合《あ》わないかも、と思《おも》ったら、いっしょに「タイプ別診断《べつしんだん》」をためしてみて、それぞれのタイプを確認《かくにん》してみよう！

父《ちち》はコツコツ
母《はは》はワイワイ
いもうとはアーティスト

Part《パート》 2

これで効《こう》率《りつ》アップ！勉《べん》強《きょう》攻《こう》略《りゃく》法《ほう》

準《じゅん》備《び》をしよう

勉強《べんきょう》をはじめる前《まえ》に まずは勉強《べんきょう》の「準備《じゅんび》」をしよう
いきなり めんどうそうな 感《かん》じ～
勉強《べんきょう》って そんなに 準備《じゅんび》が必要《ひつよう》かな?
そんな時間《じかん》が あるなら すぐ はじめた方《ほう》が いいと思《おも》う～
何《なに》か特別《とくべつ》な 準備《じゅんび》があるって ことなのかな
きちんとした 準備《じゅんび》をしてからはじめると 勉強《べんきょう》のモチベーション（やる気《き》）が あがるし 効率《こうりつ》よく結果《けっか》を 出《だ》せるようになるんだよ!

目標《もくひょう》と計画《けいかく》を立《た》てて勉強《べんきょう》効率《こうりつ》アップ!

ゲームでも「○○を倒《たお》して世界《せかい》を救《すく》う」、「△△を集《あつ》める」など、目標《もくひょう》やゴールが設定《せってい》されているよね。さらに「まず□□へいってアイテムをとって、次《つぎ》に……」というように、ゴールまでのすじ道《みち》がつくられているもの。これらの目《もく》標《ひょう》やすじ道《みち》のおかげで、何《なに》をすればいいかわからない、なんてことにはならないよね。

勉強《べんきょう》も同《おな》じ。目標《もくひょう》と、そのためのすじ道《みち》（計画《けいかく》）を立《た》てることで、迷《まよ》わずはじめられるようになる。これが、勉強《べんきょう》の「準備《じゅんび》」なんだ。

準備《じゅんび》1 目標《もくひょう》を立《た》てよう

成果《せいか》をあげるには「目標《もくひょう》」が大切《たいせつ》

どんなことでも、成果《せいか》をあげるには「目標《もくひょう》」が欠《か》かせない。人間《にんげん》はゴールがあることで、そこにむかって進《すす》もうとするもの。目標《もくひょう》がないと、せっかくのやる気《き》もしぼんでしまうよ。

ただし、目標《もくひょう》の立《た》て方《かた》をまちがえると、やる気《き》が長続《ながつづ》きしなくなるんだ。成果《せいか》を出《だ》すための目標《もくひょう》の立《た》て方《かた》を見《み》てみよう。

目標《もくひょう》ならなんでもいいわけじゃないのね〜

「結果《けっか》」だけを目標《もくひょう》にするとやる気《き》が続《つづ》きにくい

目標《もくひょう》には、「結果目標《けっかもくひょう》」と「行動目標《こうどうもくひょう》」の2種類《しゅるい》がある。「満点《まんてん》をとる」というのは、結果《けっか》を求《もと》める「結果目標《けっかもくひょう》」だね。じつは、結果《けっか》だけを目標《もくひょう》にするとやる気《き》を維《い》持《じ》しにくいといわれているんだ。結果《けっか》は自分《じぶん》で直接《ちょくせつ》コントロールできないから、達成《たっせい》できないこともある。それが続《つづ》くと、やる気《き》もなくなるよね。おすすめは、結果目《けっかもく》標《ひょう》達成《たっせい》のための「行動目標《こうどうもくひょう》」を立《た》て、その行動目標《こうどうもくひょう》のほうの達成《たっせい》を目《め》ざすこと。行動《こうどう》は自分《じぶん》の努力《どりょく》でコントロールできるからモチベーションも維持《いじ》しやすいんだ。

● 結果目標《けっかもくひょう》

算数《さんすう》で100点《てん》をとるぞ！

● 行動目標《こうどうもくひょう》

毎朝《まいあさ》15分《ふん》算数《さんすう》の勉強《べんきょう》をするぞ！

「できそう」と思《おも》える行動目標《こうどうもくひょう》を立《た》てる

「算数《さんすう》で100点《てん》とる」と決《き》めたら、それを実現《じつげん》するための「行動目標《こうどうもくひょう》」を立《た》てよう。

このとき、「毎日《まいにち》2時間《じかん》勉強《べんきょう》する」、「1日《にち》1冊問題集《さつもんだいしゅう》を解《と》く」など、達成《たっせい》が困難《こんなん》な目標《もくひょう》を立《た》てると、勉強自体《べんきょうじたい》がイヤになってしまうよね。「毎朝《まいあさ》15分《ふん》だけ勉強《べんきょう》する」、「1日《にち》1ページ教科書《きょうかしょ》を復習《ふくしゅう》する」など、「できそう」と思《おも》える目標《もくひょう》を設定《せってい》しよう。

最初《さいしょ》は「やる時間《じかん》」から考《かんが》えてみよう。なれてきて、自分《じぶん》の勉強《べんきょう》ペースをつかめてきたら「1日《にち》3ページ」など「やること」を目標《もくひょう》にしよう！

結果目標《けっかもくひょう》は期限《きげん》を決《き》めよう

「結果目標《けっかもくひょう》」は、ある程度期限《ていどきげん》が近《ちか》いものにしよう。そうしておけば、行動目標《こうどうもくひょう》を見《み》なおしながら達成《たっせい》にむけて進《すす》むことができる。

たとえば、「2年後《ねんご》○○中学《ちゅうがく》に合格《ごうかく》する！」と結果目標《けっかもくひょう》を遠《とお》くに設定《せってい》すると、今《いま》のペースで行動目標《こうどうもくひょう》をこなしていて間《ま》にあうのかが見《み》えづらいんだ。

「○○中学《ちゅうがく》に合格《ごうかく》するために、まずは次《つぎ》の理科《りか》のテストで90点以上《てんいじょう》とる！」など、もう少《すこ》し近《ちか》くに設定《せってい》することで、目標《もくひょう》にむかって進《すす》めているかを見《み》なおして、軌道修正《きどうしゅうせい》しやすくなるよ。

コツコツタイプ

のびしろを探《さが》してみよう

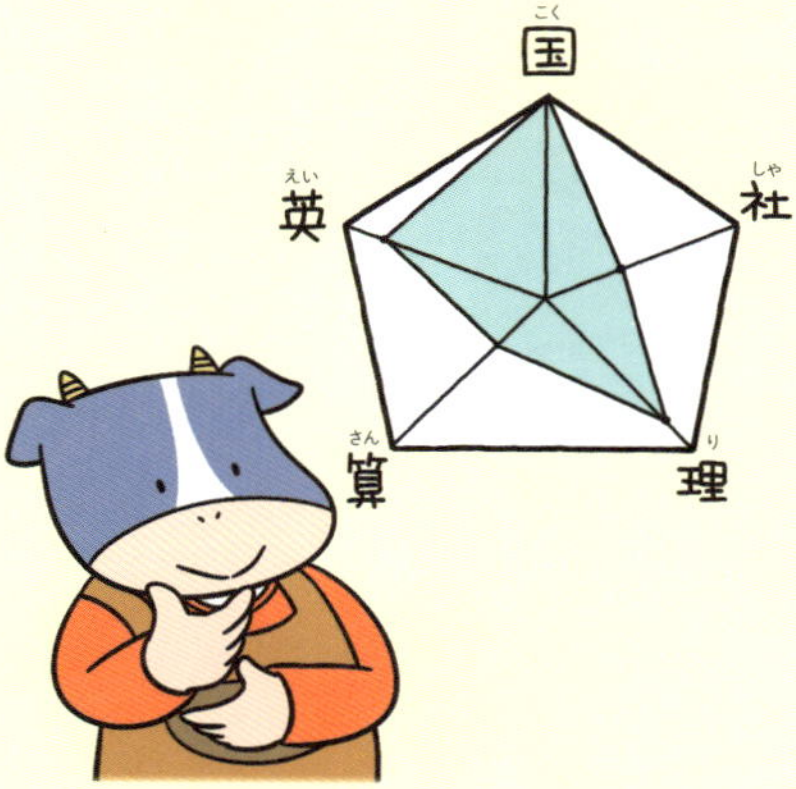

　コツコツタイプにとって、勉強《べんきょう》は「自分育成《じぶんいくせい》ゲーム」のようなもの。まだまだレベルアップできそうな「のびしろ」はどこか考《かんが》えてそこをのばし、理想《りそう》の自分《じぶん》になることを「結果目標《けっかもくひょう》」と考《かんが》えてみよう。「算《さん》数《すう》が得意《とくい》になった自分《じぶん》ってカッコいい！」なんて動機《どうき》でもOK《オーケー》だよ。

アーティストタイプ

苦手教科《にがてきょうか》の目標《もくひょう》を考《かんが》えよう

　アーティストタイプは、好《す》きな教科《きょうか》は目標《もくひょう》を立《た》てなくてもとり組《く》めるのがいいところ。成績《せいせき》アップを目ざすなら、苦手《にがて》な教科《きょうか》をどう克服《こくふく》するか考《かんが》えるのが大切《たいせつ》だよ。「苦手教科《にがてきょうか》の授業《じゅぎょう》があった日《ひ》は、15分《ふん》だけ復習《ふくしゅう》する」などの目標《もくひょう》を立《た》ててみよう。

プライドタイプ

ライバルを見《み》つけよう

競争心《きょうそうしん》がやる気《き》につながるタイプだから、ライバルを見《み》つけるのが一番《いちばん》！　ライバルにするなら、自分《じぶん》より成績《せいせき》が少《すこ》し上《うえ》の人《ひと》が◎。ライバルをこえるためには、何《なに》をのばさなければならないか、そのためには何《なに》をしたらよいか「行動《こうどう》目標《もくひょう》」を立《だ》てよう。

ワイワイタイプ

目標《もくひょう》をだれかに宣言《せんげん》しよう

「いっしょ」がキーワードのワイワイタイプは、目標《もくひょう》もだれかと共有《きょうゆう》するのが◎。勉強友《べんきょうとも》だちがいるならその人《ひと》に、はずかしいならおうちの人《ひと》に宣言《せんげん》してみよう。そうしておけば、「行動目標《こうどうもくひょう》」の見《み》なおしも、宣言《せんげん》した人《ひと》といっしょにできるよ。

準備《じゅんび》 2

計画《けいかく》を立《た》てよう

次《つぎ》は勉強《べんきょう》の計画《けいかく》を立《た》てていくよ
はーい！ それならできてます！
スケジュール
いいねー コツコツさんは計画《けいかく》を立《た》ててすぐはじめられるね
えー 計画《けいかく》を立《た》てる時間《じかん》がもったいないよ
おっと まった！
じつは 計画《けいかく》を立《た》てない方《ほう》が時間《じかん》がもったいないんだぜ？

「計画《けいかく》」はだらだらしないため

計画《けいかく》を立《た》てるのにも時間《じかん》がかかるし、せっかく計画《けいかく》を立《た》ててもその通《とお》りに進《すす》められないことも多《おお》いし……。計画《けいかく》を立《た》てるなんてムダ、その時間《じかん》を勉強《べんきょう》に当《あ》てたほうがよいと思《おも》う人《ひと》もいるかもしれないね。

でも、計画《けいかく》は絶対《ぜったい》に立《た》てた方《ほう》がよいんだ。計画《けいかく》を立《た》てることで、「○時《じ》になったらはじめよう」と、やる気《き》を出《だ》しやすくなる。

計画《けいかく》を立《た》てないと、なかなかやる気《き》にならず、「やらなきゃいけないのになぁ……」なんてだらだらしてしまいがち。さらに、勉強《べんきょう》をしていても、「算数《さんすう》のドリルもやらなきゃ」、「漢字《かんじ》テストも近《ちか》いんだった……」なんて、心配《しんぱい》ごとが頭《あたま》に浮《う》かんで集中《しゅうちゅう》できなくなってしまう。「3日《か》後《ご》が漢字《かんじ》テストだから、明日《あした》勉強《べんきょう》する」、「あと○ページ算数《さんすう》をやったら、漢字《かんじ》の勉強《べんきょう》をする」と、あらかじめ計画《けいかく》を立《た》てておけば、こういったモヤモヤを頭《あたま》からおい出《だ》すことができるよ。

計画《けいかく》を立《た》てたときと立《た》てないときのちがいをくらべてみよう！

● 計画《けいかく》を立《た》てないと何《なに》に集中《しゅうちゅう》すべきかわからなくなる

● 計画《けいかく》を立《た》てると目《め》の前《まえ》のことに集中《しゅうちゅう》できる

計画《けいかく》はできるだけ具体的《ぐたいてき》に書《か》く

計画《けいかく》は、だらだらしないために立《た》てるもの。「今日《きょう》は算数《さんすう》をちょっとがんばる」など、ふわっとした計画《けいかく》を立《た》てると、いつまでも勉強《べんきょう》をはじめず、だらだらしがち。

「いつ」、「どこで」、「何《なに》を」、「どれくらい」、「どうやって」勉強《べんきょう》をするのか。できるだけ具体的《ぐたいてき》に計《けい》画《かく》を立《た》てよう。下《した》の絵《え》のように、1日分《にちぶん》の計画《けいかく》を紙《かみ》にまとめておくとすぐに確認《かくにん》できるよ。

学校《がっこう》のテストや塾《じゅく》の予定《よてい》を見《み》ながら、3~7日分《かぶん》くらいまとめて計画《けいかく》を立《た》ててみよう！

○月《がつ》×日《にち》の計画《けいかく》！
時間《じかん》
ごご3時《じ》から
ごご4時《じ》まで
場所《ばしょ》
リビング
やること
漢字《かんじ》のかきとり
計算《けいさん》ドリル
くわしく
3時《じ》 ドリルの12ペ
3時《じ》15分《ふん》かきと

小《ちい》さな計画《けいかく》をたくさん立《た》てよう

計画《けいかく》は、小《ちい》さなものをたくさん立《た》てるのがおすすめ。たとえば「ドリルを10ページやる」だと、やる前《まえ》もやっているあいだも、「なかなか終《お》わらない」としんどい気《き》もちになるんだ。「2ページを5回《かい》」のように分解《ぶんかい》し、2ページ終《お》わるごとに休《きゅう》けいをはさむと、集中力《しゅうちゅうりょく》が続《つづ》いて結果的《けっかてき》に早《はや》く勉強《べんきょう》を終《お》えられるよ。

いろいろな教科《きょうか》を少《すこ》しずつやろう

人《ひと》は、長時間《ちょうじかん》同《おな》じことにとり組《く》んでいると、あきて集中力《しゅうちゅうりょく》がとぎれてしまうんだ。集中《しゅうちゅう》できるのは15～30分《ぷん》くらいで、それ以降《いこう》は覚《おぼ》えるのに時間《じかん》がかかったり、まちがいが多《おお》くなったりするよ。一日《いちにち》中《じゅう》同《おな》じ教科《きょうか》をやりつづけるのではなく、何教科《なんきょうか》かを交互《こうご》にやる計画《けいかく》にしよう。

教科《きょうか》を切《き》りかえるときに集中力《しゅうちゅうりょく》が回復《かいふく》するんだ！

計画《けいかく》はときどき見《み》なおそう

がんばって1週間分《しゅうかんぶん》の計画《けいかく》を立《た》てても、急用《きゅうよう》で思《おも》うように進《すす》められない、ということはよくある。また、「このペースだと目標《もくひょう》が達成《たっせい》できないかも」と思《おも》うことも出《で》てくるはずだ。ときどき見《み》なおして、優先《ゆうせん》すべき教科《きょうか》を前《まえ》にもってきたり、テストの予定《よてい》に合《あ》わせて組《く》みかえたりしよう。

計画《けいかく》ってとちゅうでかえてもいいんだ！

プライドタイプ

勝《か》ちをイメージして計画《けいかく》を立《た》てよう

ライバルを見《み》つけたら、その人《ひと》に勝《か》つにはどうすればいいか考《かんが》えよう。「勝《か》つには算数《さんすう》であと○点《てん》だから、苦手《にがて》な図形《ずけい》の問題《もんだい》を中心《ちゅうしん》に勉強《べんきょう》しよう」など、具体的《ぐたいてき》な「行動目標《こうどうもくひょう》」を定《さだ》めて、毎日《まいにち》の勉《べん》強計画《きょうけいかく》に組《く》みいれていこう。

アーティストタイプ

苦手教科《にがてきょうか》の勉強時間《べんきょうじかん》を15分《ふん》はとろう

やる気《き》が高《たか》まっているなら、最《さい》初《しょ》の15～30分《ぷん》で苦手教科《にがてきょうか》をやって、得意教科《とくいきょうか》を「デザート」にしよう。反対《はんたい》に、得意教科《とくいきょうか》からはじめて、エンジンがかかってきたら苦手教科《にがてきょうか》をかたづける作戦《さくせん》も有《ゆう》効《こう》。両方《りょうほう》を試《ため》してみて、どちらが自分《じぶん》に合《あ》うか、たしかめてみよう。

コツコツタイプ

レベルアップ計《けい》画《かく》を立《た》てよう

のびしろを探《さが》して、自分《じぶん》をレベルアップさせる「行動目標《こうどうもくひょう》」が決《き》まったら、そのために具体的《ぐたいてき》に何《なに》を勉強《べんきょう》すればよいか考《かんが》えるよ。プライドタイプとは、ライバルが他人《たにん》なのか、過去《かこ》の自分《じぶん》なのかがちがうだけだから、計画《けいかく》の立《た》て方自体《かたじたい》は同《おな》じ方法《ほうほう》でOK《オーケー》！

ワイワイタイプ

だれかと勉強《べんきょう》できるのはいつ？

「この時間《じかん》に勉強《べんきょう》する!」と決《き》めても、ひとりだと勉強《べんきょう》のモチベーションが上《あ》がりづらいタイプ。「おうちの人《ひと》が帰《かえ》ってきたら勉強《べんきょう》する」、「友《とも》だちと遊《あそ》ぶ前《まえ》に30分《ぷん》いっしょに勉強《べんきょう》する」など、「だれかと勉強《べんきょう》できる時間《じかん》」を勉強時間《べんきょうじかん》に設定《せってい》しよう。

準備《じゅんび》3

勉強《べんきょう》する時間《じかん》を決《き》めよう

毎日《まいにち》同《おな》じ時間《じかん》に「勉強枠《べんきょうわく》」を設定《せってい》しよう

前《まえ》の章《しょう》で、「勉強《べんきょう》ができる人《ひと》」になるには勉強《べんきょう》を習慣《しゅうかん》にすることが大切《たいせつ》、という話《はなし》をしたね。毎日《まいにち》同《おな》じ時間《じかん》にごはんを食《た》べておふろに入《はい》って寝《ね》るように、勉強《べんきょう》も毎日《まいにち》同《おな》じ時間《じかん》にすることを習慣《しゅうかん》づけよう。

おすすめは、朝《あさ》おきてすぐ勉強《べんきょう》すること。夜《よる》はごはんやおふろでいそがしいし、1日《にち》のつかれで眠《ねむ》気《け》に勝《か》てないことも多《おお》いんだ。朝《あさ》おきてすぐなら、急《きゅう》な用事《ようじ》が入《はい》るなど予定外《よていがい》のことがおこりにくいので、勉強《べんきょう》を習慣化《しゅうかんか》しやすいよ。

勉強《べんきょう》を習慣化《しゅうかんか》するうえで、いちばん大変《たいへん》なのが最初《さいしょ》の時期《じき》だ。人《ひと》は、無意識《むいしき》のうちに「いつも通《どお》り」の行動《こうどう》をしたくなるようにできている。「無理《むり》しないで寝《ね》よう」というふうに、脳《のう》がブレーキをかけてしまうんだ。

習慣化《しゅうかんか》するまで、2～3か月《げつ》はかかるといわれているから、その時期《じき》はとくに気《き》をひきしめて。目標《もくひょう》と計画《けいかく》を立《た》てて、最初《さいしょ》の時期《じき》を乗《の》りきろう！

大切《たいせつ》なのは
勉強《べんきょう》の習慣化《しゅうかんか》！
「いつ」を
しっかり決《き》めよう

睡眠時間《すいみんじかん》はけずらない！

勉強《べんきょう》する時間帯《じかんたい》は「朝《あさ》が絶対《ぜったい》」ではないけど、「深夜《しんや》は絶対《ぜったい》ダメ」！　睡眠時間《すいみんじかん》をけずるのは、確《かく》実《じつ》に不利《ふり》なんだ。睡眠《すいみん》は、記憶《きおく》する力《ちから》に大《おお》きく関《かか》わるもの。睡眠時間《すいみんじかん》をけずると、勉強《べんきょう》の効率《こうりつ》がさがるし、翌日《よくじつ》の体調《たいちょう》にも影響《えいきょう》してしまうよ。

きょうはここまで！

準備《じゅんび》ができたら、ここからは「効率《こうりつ》よく勉強《べんきょう》する」ための学習《がくしゅう》テクニックを覚《おぼ》えよう！
長時間《ちょうじかん》やるよりいい方法《ほうほう》があるの～？
ライバルに勝《か》つためのコツが知《し》りたい！
ひとりだと気《き》がちっちゃう人用《ひとよう》の勉強法《べんきょうほう》なんてないかな？
苦手教科《にがてきょうか》はできるだけ短時間《たんじかん》ですませたいな……

学習《がくしゅう》のテクニックを覚《おぼ》えよう

記憶《きおく》のメカニズムを知《し》って、効率《こうりつ》アップ

毎日《まいにち》、長時間《ちょうじかん》勉強《べんきょう》しても、なかなか覚《おぼ》えられなかったり、テストのときに思《おも》い出《だ》せなかったりしたことはない？　努力《どりょく》しているのに結果《けっか》が出《で》ないというのは、勉強《べんきょう》がきらいになる大《おお》きな要因《よういん》だよね。

なぜ覚《おぼ》えられないかというと、「記憶《きおく》に定着《ていちゃく》させる勉強《べんきょう》」ができていないから。記憶《きおく》のメカニズムを知《し》り、それをもとにした学習《がくしゅう》テクニックを実践《じっせん》することで、短時間《たんじかん》でもしっかり覚《おぼ》えることができるようになるよ！

テクニック 1 「分《ぶん》散《さん》学《がく》習《しゅう》」をしよう

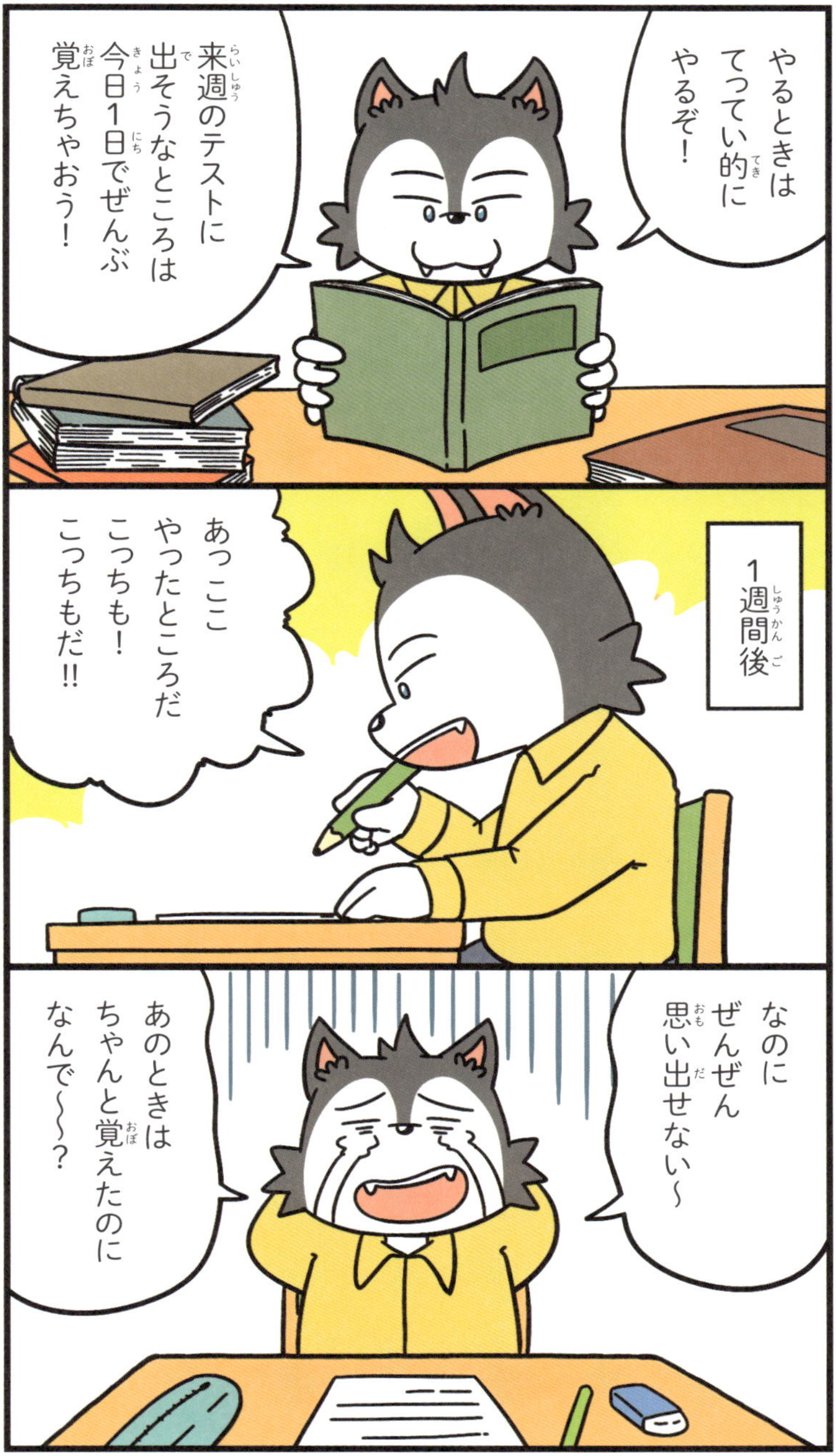

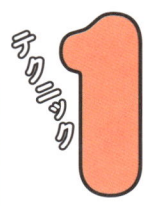

一気《いっき》に覚《おぼ》えると一気《いっき》に忘《わす》れる

おうちの人《ひと》に「少《すこ》しずつ勉強《べんきょう》しなさい」といわれても、テストの直前《ちょくぜん》になってから、短期間《たんきかん》で一気《いっき》に覚《おぼ》える「集中学習《しゅうちゅうがくしゅう》」をやめられないという人《ひと》も多《おお》いかもしれないね。

でも、一気《いっき》に覚《おぼ》えたものは、やっぱり一気《いっき》に忘《わす》れてしまうんだ。

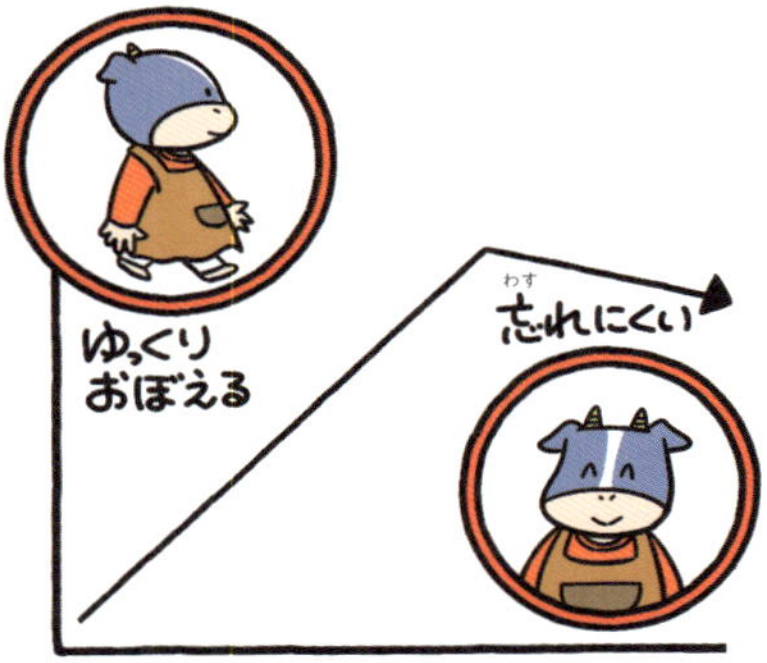

ゆっくり
おぼえる
忘《わす》れにくい

「別《べつ》にテストを乗《の》りきればいいし……」と思《おも》うかもしれない。だけど、算数《さんすう》や英語《えいご》のようにつみ重《かさ》ねが大事《だいじ》な教科《きょうか》は、一夜《いちや》づけで乗《の》りきっていると、どんどんついていけなくなる。

せっかく時間《じかん》をつくって勉強《べんきょう》したのだから、学《まな》んだことは長《なが》く忘《わす》れずにいたいよね。記憶《きおく》に定着《ていちゃく》させたいなら、やはり「少《すこ》しずつ勉《べん》強《きょう》する」のがいちばん。この勉強《べんきょう》法《ほう》を「分散学習《ぶんさんがくしゅう》」というんだ。

一気《いっき》に
おぼえる
忘《わす》れやすい

「勉強《べんきょう》をしていない
期間《きかん》」をつくらない
のが大切《たいせつ》なんだね

夏休《なつやす》みの宿題《しゅくだい》も分散《ぶんさん》しよう!

「夏休《なつやす》みの宿題《しゅくだい》は、はやめに終《お》わらせたほうがえらい!」と思《おも》っている人《ひと》も多《おお》いよね。でも、最初《さいしょ》に一気《いっき》に終《お》わらせるのも、最後《さいご》にまとめてやるのも、どちらも「集中学習《しゅうちゅうがくしゅう》」になるんだ。夏休《なつやす》みの宿題《しゅくだい》も、毎日少《まいにちすこ》しずつ進《すす》めたほうが、学《がく》習効果《しゅうこうか》は高《たか》いよ。

くり返《かえ》し学《まな》ぶと脳《のう》は「大事《だいじ》なこと」だと認識《にんしき》する

記憶《きおく》に定着《ていちゃく》させる学習《がくしゅう》のポイントは、「くり返《かえ》し」覚《おぼ》えること。人《ひと》の脳《のう》は何度《なんど》もくり返《かえ》すことで、「よく使《つか》う記憶《きおく》だから、大事《だいじ》なんだろう」と考《かんが》え、記憶《きおく》に残《のこ》そうとするものなんだ。よく、「復習《ふくしゅう》をしなさい」といわれるけれど、これも学校《がっこう》で習《なら》った授業《じゅぎょう》をくり返《かえ》して覚《おぼ》えなおすことで、記憶《きおく》に定着《ていちゃく》させるため。

くり返《かえ》し学《まな》ぶときも、「分散学《ぶんさんがく》習《しゅう》」がとても大切《たいせつ》。1日《にち》3回復習《かいふくしゅう》するよりも、数日《すうじつ》ずつあけて復習《ふくしゅう》したほうが、ずっと学習効果《がくしゅうこうか》が高《たか》いことがわかっているよ。

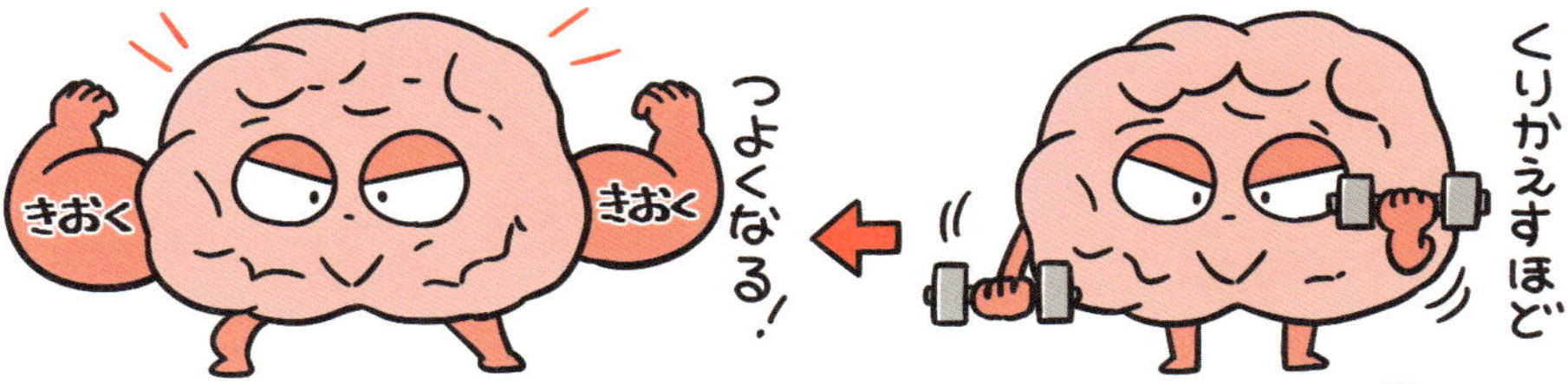
くりかえすほど
つよくなる！
きおく
きおく

くり返《かえ》し学《まな》ぶ時間《じかん》も計画《けいかく》に組《く》みこもう

学習効果《がくしゅうこうか》を高《たか》めるなら、「くり返《かえ》し」が大切《たいせつ》なのはわかったね。だけど、計画《けいかく》を立《た》てるとき、目先《めさき》のテストへの対策《たいさく》や新《あたら》しい内容《ないよう》の予習《よしゅう》ばかりで、復習《ふくしゅう》の時間《じかん》をとらない人《ひと》も多《おお》いんだ。

くり返《かえ》し学《まな》ぶ時間《じかん》をきっちりとれるよう、あらかじめ計画表《けいかくひょう》にもりこんでおこう。

長期的《ちょうきてき》な計画《けいかく》を
立《た》てるときに
くり返《かえ》し学習《がくしゅう》の時間《じかん》は
見落《みお》としがちなんだ

くり返《かえ》し学《まな》ぶ間隔《かんかく》を少《すこ》しずつ広《ひろ》げよう

分散学習《ぶんさんがくしゅう》は、効果《こうか》が出《で》るまでにある程度《ていど》の時間《じかん》がかかるもの。ここでは、勉強時間《べんきょうじかん》を短縮《たんしゅく》して、学習効果《がくしゅうこうか》を最大限《さいだいげん》に高《たか》める方法《ほうほう》を紹介《しょうかい》するよ。

復習《ふくしゅう》は毎日《まいにち》ではなく、数日《すうじつ》あけるほうがよいのだけれど、この間隔《かんかく》は、少《すこ》しずつ広《ひろ》げていくことができるんだ。また、くり返《かえ》すといっても、何十回《なんじっかい》も勉強《べんきょう》しなおすわけではないよ。

たとえば、最初《さいしょ》の復習《ふくしゅう》が学習《がくしゅう》の3日後《かご》なら、次《つぎ》は1週間後《しゅうかんご》、その次《つぎ》は1か月後《げつご》でOK《オーケー》。

学習計画《がくしゅうけいかく》にもりこむ「くり返《かえ》し」は、2〜3回《かい》でおおよそ記憶《きおく》に定着《ていちゃく》するよ。今後《こんご》、テストで登場《とうじょう》して復習《ふくしゅう》する機会《きかい》がかならず出《で》てくるからね。

封
3日後《かご》にやる

丸暗記《まるあんき》はせず理解《りかい》を深《ふか》めよう

くり返《かえ》しは大切《たいせつ》だけど、きちんと理解《りかい》せずに丸暗記《まるあんき》するだけだと、記憶《きおく》からすぐに消《き》えてしまうことがわかっているんだ。

復習《ふくしゅう》のとき、よくわからない部分《ぶぶん》があるなら、ノートを見返《みかえ》したり先生《せんせい》に質問《しつもん》したりして、理解《りかい》を深《ふか》めることを優先《ゆうせん》しよう。

わからないまま
丸暗記《まるあんき》すると
忘《わす》れやすい
「弱《よわ》い記憶《きおく》」に
なっちゃうんだ……

タイプ別《べつ》アドバイス

ワイワイタイプ

くり返《かえ》し学《まな》ぶ日《ひ》を計画表《けいかくひょう》に記入《きにゅう》して、おうちの人《ひと》や友《とも》だちに、解《と》きなおしをする日《ひ》を伝《つた》えておこう。「前回《ぜんかい》より○点《てん》あがった！」ということもいっしょに伝《つた》えるようにすると、やる気《き》につながるよ。

プライドタイプ

テスト後《ご》は大《だい》チャンス！　テストのあとに解《と》きなおしをするのも「分散《ぶんさん》学習《がくしゅう》」の一種《いっしゅ》なんだ。テストを解《と》きなおすことで自分《じぶん》の弱点《じゃくてん》やのびしろがわかり、ライバルに勝《か》つ方法《ほうほう》が見《み》つかるはず！

コツコツタイプ

大切《たいせつ》なのは、自分《じぶん》の成長《せいちょう》を実感《じっかん》できること。くり返《かえ》し学習《がくしゅう》しながら、正解《せいかい》した数《かず》や解《と》くのにかかった時間《じかん》を記《き》録《ろく》して、前回《ぜんかい》や前前回《ぜんぜんかい》とくらべてみよう。成長《せいちょう》がひと目《め》でわかって、モチベーションがあがるよ。

アーティストタイプ

苦手《にがて》教科《きょうか》をくり返《かえ》し学《まな》ぶのはしんどいよね。そんなときは、自分《じぶん》に合《あ》う教材《きょうざい》を探《さが》してみよう。書店《しょてん》に出《で》かけて、興味《きょうみ》をもてる教材《きょうざい》や問題集《もんだいしゅう》を探《さが》し、少《すこ》しでも復習《ふくしゅう》のモチベーションを高《たか》めるんだ。

テクニック2 アウトプットをしよう

勉強《べんきょう》したことを「アウトプット」しよう

できるだけ短時間《たんじかん》でたくさんのことを覚《おぼ》えたいなら、「アウトプット」がとても大切《たいせつ》。アウトプットとは、「聞《き》いたことをノートにまとめる」、「テキストを音読《おんどく》する」、「人《ひと》に教《おし》える」など、自分《じぶん》の中《なか》の知識《ちしき》を外《そと》に発信《はっしん》することをいうよ。反対《はんたい》に、「説明《せつめい》を聞《き》く」、「教科書《きょうかしょ》を読《よ》む」など、知識《ちしき》を自《じ》分《ぶん》の中《なか》に入《い》れることは「インプット」というんだ。長時間《ちょうじかん》、マジメに勉強《べんきょう》をしてもなかなか覚《おぼ》えられないという人《ひと》は、アウトプットが足《た》りずにインプットばかりになっている可能性《かのうせい》が高《たか》いよ。

アウトプットは、知識《ちしき》を「思《おも》い出《だ》す」ために必要《ひつよう》で、人《ひと》の記憶《きおく》は、インプットよりもアウトプットを重視《じゅうし》するようにできているよ。だから、たくさん教科書《きょうかしょ》を読《よ》んでインプットしても、それをアウトプットしないと、どんどん忘《わす》れていってしまうんだ。

せっかく
コツコツ勉強《べんきょう》しても
インプットだけだと
記憶《きおく》に定着《ていちゃく》
しにくいんだ

インプット
ちしき

アウトプット
ちしき

だれかに教《おし》えるつもりで教科書《きょうかしょ》を読《よ》もう

インプットとアウトプットが同《どう》時《じ》にできる、とっておきの勉強法《べんきょうほう》を紹介《しょうかい》するよ。「覚《おぼ》えたことをだれかに教《おし》えるつもりで、教科書《きょうかしょ》を読《よ》む」というものだ。ふつうに勉《べん》強《きょう》するのと時間《じかん》はかわらないけど、「人《ひと》に教《おし》えるつもり」で勉強《べんきょう》するだけで、学習効率《がくしゅうこうりつ》があがるんだ。

これは、アメリカの大学《だいがく》でおこなわれた実験《じっけん》で実証《じっしょう》されているよ。学生《がくせい》を2つのグループにわけて、片方《かたほう》には「このあとテストをするよ」と、もう片方《かたほう》には「このあとほかの人《ひと》に教《おし》えてもらうよ」と伝《つた》えた。その結果《けっか》、ほかの人《ひと》に教《おし》えると伝《つた》えられていたグループのほうが成績《せいせき》がよく、要点《ようてん》もきちんと覚《おぼ》えていたんだ。

先生《せんせい》と生徒《せいと》 両方《りょうほう》の
気《き》もちになって
考《かんが》えるんだね!

「もし質問《しつもん》されたら?」と考えてみよう

人《ひと》に教《おし》えるつもりで勉強《べんきょう》するときは、「どこを重点的《じゅうてんてき》に教《おし》えるとわかりやすいか」、「どう説明《せつめい》すれば理解《りかい》してもらえるか」にプラスして、「どんな質問《しつもん》が来《く》るか」を想定《そうてい》してみよう。質問《しつもん》にどう答《こた》えるか考《かんが》えながら勉強《べんきょう》することで、自然《しぜん》と理解《りかい》が深《ふか》まるよ。

イメージ化《か》するとさらに覚《おぼ》えられる！

人《ひと》の脳《のう》は、文字《もじ》だけの情報《じょうほう》より、画像《がぞう》などの情報《じょうほう》もあった方《ほう》が覚《おぼ》えやすいことがわかっているよ。たとえば歴史上《れきしじょう》の人物《じんぶつ》を覚《おぼ》えるときも、「徳川家康《とくがわいえやす》」という文字《もじ》だけより、名前《なまえ》＋肖像画《しょうぞうが》の方《ほう》が記憶《きおく》に定着《ていちゃく》しやすく、あとで思《おも》い出《だ》しやすいんだ。

学《まな》んだことをノートにまとめる（アウトプットする）ときは、文字《もじ》だけでなく、図《ず》やイラストもいっしょに描《か》いておこう。理科《りか》の植物《しょくぶつ》の葉《は》のつくりや実験《じっけん》のようすなど、カンタンな絵《え》で描《か》くだけで、グッと忘《わす》れにくくなるよ。

徳川《とくがわ》 家康《いえやす》
○○家《いえ》○

暗記《あんき》カードを手《て》づくりしよう

暗記《あんき》するときに便利《べんり》な「暗記《あんき》カード」は、市販品《しはんひん》もあるけれど、手《て》づくりするのがおすすめだよ。市販品《しはんひん》の暗記《あんき》カードだとインプットだけになるけれど、暗記《あんき》カードをつくることでアウトプットができるからだ。カードをつくる手間《てま》はかかるけど、効率《こうりつ》よく覚《おぼ》えることができるよ。

手《て》づくりなら
自分《じぶん》が重点的《じゅうてんてき》に
覚《おぼ》えたい内容《ないよう》だけを
まとめることも
できるね

コツコツタイプ

アウトプットを重視《じゅうし》しよう

　このタイプはインプットが得意《とくい》で、十分《じゅうぶん》できている人《ひと》が多《おお》いんだ。それなのに結果《けっか》につながらない場合《ばあい》、アウトプット不足《ぶそく》なことが多《おお》いよ。コツコツタイプの人《ひと》が勉強《べんきょう》するときには、とくにアウトプットの時間《じかん》を長《なが》めにとるようにしよう!

アーティストタイプ

ずかんやマンガをつくろう

　アーティストタイプの人《ひと》は、アウトプットが得意《とくい》なことが多《おお》いんだ。学《まな》んだことは、イラストのずかんにしたりマンガにしたりして、「作《さく》品《ひん》」としてまとめてみよう。作品《さくひん》づくりそのものが勉強《べんきょう》のモチベーションになるはずだよ。

プライドタイプ

五感《ごかん》をフルに使《つか》おう

プライドタイプは、ひとりで学習《がくしゅう》するのがむいている人《ひと》が多《おお》いから、人《ひと》に教《おし》えるのはむずかしいかもしれないね。教科書《きょうかしょ》を音読《おんどく》するだけでも十分《じゅうぶん》アウトプットになるし、実際《じっさい》に目《め》で見《み》て体《からだ》で感《かん》じるインプットも効果的《こうかてき》。五感《ごかん》をフルに使《つか》って勉強《べんきょう》しよう。

ワイワイタイプ

友《とも》だちやおうちの人《ひと》に教《おし》えよう

人《ひと》といっしょに勉強《べんきょう》をするのが好《す》きなタイプだから、だれかに教《おし》える勉強法《べんきょうほう》がぴったり。友《とも》だちと別《べつ》の教科《きょうか》を教《おし》えあうのもいいし、おうちの人《ひと》に教《おし》えるのもおすすめ！　ふだんから「どうやって人《ひと》に教《おし》えようかな?」と考《かんが》えながら授業《じゅぎょう》を受《う》けよう。

テクニック3 ランダム学習《がくしゅう》をしよう

今日《きょう》の分《ぶん》のふり返《かえ》りテストをかえしていくよ
ふり返《かえ》りテストでいつも点《てん》とれててすごいよね～
この調子《ちょうし》なら来週《らいしゅう》の実力《じつりょく》テストもばっちりだね！
え～とじつは……
次《つぎ》の週《しゅう》――
テストの範囲《はんい》が広《ひろ》いと解《と》き方《かた》がわからなくなっちゃうんだよね～

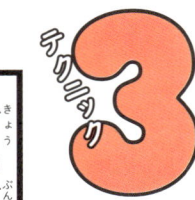

解《と》き方《かた》を見《み》きわめる力《ちから》をつけよう

ドリルではできた問題《もんだい》がテストで解《と》けなかったり、学校《がっこう》の復習《ふくしゅう》テストでは点《てん》がとれるけど模試《もし》ではダメだったり……。これらのなやみに共通《きょうつう》するのは「出題範囲《しゅつだいはんい》が広《ひろ》くなると結果《けっか》が出《だ》せない」ということ！

ふだんのテストは、たとえば「つるかめ算《ざん》の復習《ふくしゅう》テスト」というように、問題《もんだい》を解《と》くときにどの式《しき》を使《つか》うかがわかっているよね。でも、模試《もし》や受験《じゅけん》など、出題範囲《しゅつだいはんい》が広《ひろ》いテストでは「この問題《もんだい》はつるかめ算《ざん》」なんて、どこにも書《か》いていない。そのため、「どの解《と》き方《かた》を使《つか》えばいいか？」がわからないんだ。

出題範囲《しゅつだいはんい》が広《ひろ》いテストでは、「どの解《と》き方《かた》を使《つか》う問題《もんだい》かを見《み》きわめる力《ちから》」が必要《ひつよう》になるよ。その力《ちから》は、解《と》き方《かた》ごとに学《まな》んでいく「ブロック学習《がくしゅう》」では身《み》につきづらい。問題《もんだい》をランダムにまぜて解《と》いていく「ランダム学習《がくしゅう》」で、見《み》きわめる力《ちから》を身《み》につけよう。

教科書《きょうかしょ》の どの部分《ぶぶん》から出題《しゅつだい》されても対応《たいおう》できるように訓練《くんれん》しよう！

● ブロック学習《がくしゅう》

ここから
ここまで

● ランダム学習《がくしゅう》

どこから
やろうかな

解《と》くページをサイコロで決《き》めよう

ふだんの勉強《べんきょう》に「ランダム学習《がくしゅう》」をとり入《い》れるなら、サイコロを使《つか》うのがいちばんだよ。

やり方《かた》はカンタン。教科書《きょうかしょ》やドリルのページを1〜6のパートに分《わ》けてからサイコロをふり、出《で》た目《め》のパートをやっていくんだ。そのパートが終《お》わったら、またサイコロをふるよ。サイコロ2個《こ》なら、2〜12のパートに分《わ》けられるね。

ほかにも、問題用紙《もんだいようし》を箱《はこ》に入《い》れてくじ引《び》きにしたり、あみだくじで決《き》めたりするのもおすすめ。

ランダム学習《がくしゅう》は、「見《み》きわめる力《ちから》」が身《み》につくだけでなく、記憶《きおく》にも定着《ていちゃく》しやすいんだ。ブロック学習《がくしゅう》だと、「さっきと同《おな》じ解《と》き方《かた》だろう」と、解《と》き方《かた》を考《かんが》えずにとりくんでしまうからね。

1回目《かいめ》は自分《じぶん》で
2回目《かいめ》からは
友《とも》だちに出題《しゅつだい》して
もらうのもいいね

1回目《かいめ》はブロック学習《がくしゅう》がおすすめ

ランダム学習《がくしゅう》のほうが学習効果《がくしゅうこうか》は高《たか》いけれど、「例題《れいだい》1で習《なら》ったことを使《つか》って次《つぎ》の問題《もんだい》の解《と》き方《かた》を学《まな》ぶ」などの算《さん》数《すう》の問題《もんだい》や、時系列《じけいれつ》で歴史《れきし》を学《まな》ぶ社会《しゃかい》は、ブロック学習《がくしゅう》が適《てき》しているんだ。同《おな》じドリルを何回《なんかい》もやるときなどには、1回目《かいめ》はブロック学習《がくしゅう》、2回目《かいめ》からランダム学習《がくしゅう》にしよう。

タイプ別《べつ》アドバイス

アーティストタイプ

苦手教科《にがてきょうか》がネックになるタイプ。同《おな》じ教科内《きょうかない》だけでなく、「今日勉強《きょうべんきょう》する教科《きょうか》はど～れだ」と、科目《かもく》もランダムに決《き》めてみると、苦手科目《にがてかもく》にも気分《きぶん》をかえてとり組《く》めるかも！

ワイワイタイプ

友《とも》だちとサイコロをふり合《あ》って、おたがいが勉強《べんきょう》するページを決《き》めてみよう。「じゃんけんで勝《か》ったほうが、今日《きょう》やる教科《きょうか》を決《き》める」など、ゲーム感覚《かんかく》でとり組《く》もう。

プライドタイプ

「次《つぎ》のテストでライバルに勝《か》つ」という意識《いしき》から、よりわかった気《き》になるブロック学習《がくしゅう》をしがち。あせる気《き》もちをぐっとがまんして、長《なが》い目《め》で見《み》て効率的《こうりつてき》なランダム学習《がくしゅう》にとり組《く》もう。

コツコツタイプ

もともとブロック学習《がくしゅう》は得意《とくい》なタイプなので、ランダム学習《がくしゅう》を意識的《いしきてき》にとり入《い》れよう。どこを学《まな》んだかわかるように表《ひょう》をつくると、やる気《き》につながるよ！

教《きょう》科《か》別《べつ》攻《こう》略《りゃく》法《ほう》をマスターしよう

基本的《きほんてき》な勉強《べんきょう》の
コツがわかったね！
次《つぎ》は教科別《きょうかべつ》に勉強《べんきょう》の攻略法《こうりゃくほう》を
紹介《しょうかい》していくよ
教科別《きょうかべつ》って
そんなにやることが
ちがうのかな？
ライバルに勝《か》つには
算数《さんすう》をもう少《すこ》し
できるように
なりたいな
苦手教科《にがてきょうか》を
攻略《こうりゃく》する方法《ほうほう》なんて
ないんじゃない？
ひたすらドリルを
解《と》くだけじゃ
だめなの？？

教科《きょうか》ごとに必要《ひつよう》な「能力《のうりょく》」を知《し》ろう

どんな教科《きょうか》でも、問題《もんだい》を解《と》くには「記憶能力《きおくのうりょく》」と「思考能力《しこうのうりょく》」が必要《ひつよう》。たとえば算数《さんすう》なら、公式《こうしき》などの知識《ちしき》を「覚《おぼ》えておく力《ちから》」が記憶能力《きおくのうりょく》、その公式《こうしき》をどうあてはめるか、「覚《おぼ》えたことを活用《かつよう》する力《ちから》」が思考能力《しこうのうりょく》だ。せっかく効率《こうりつ》よく記憶《きおく》しても、それを生《い》かせないと問題《もんだい》を解《と》けないよね。苦手教科《にがてきょうか》がある人《ひと》は、その教科《きょうか》に必要《ひつよう》な「能力《のうりょく》」のどちらかが足《た》りていない可能性《かのうせい》が高《たか》いんだ。自分《じぶん》に足《た》りない能力《のうりょく》を知《し》って、のばしていこう！

教科別《きょうかべつ》攻略《こうりゃく》

国《こく》語《ご》

言葉《ことば》を知《し》ればはやく正確《せいかく》に読《よ》みとける！

「国語《こくご》は才能《さいのう》」と誤解《ごかい》をしている人《ひと》が多《おお》いけど、ちょっとまって。たしかに、「勉強《べんきょう》しなくても文章《ぶんしょう》問題《もんだい》は解《と》ける」という人《ひと》もいる。けれど、それは生《う》まれつき才能《さいのう》があるからではなく、国語《こくご》の問題《もんだい》を解《と》くための「能力《のうりょく》」が高《たか》いからなんだ。ここでは、国語《こくご》における「記憶能力《きおくのうりょく》」と「思考能力《しこうのうりょく》」について考《かんが》えてみよう。

国語《こくご》は「勉強法《べんきょうほう》がわからない」というなやみが多《おお》い教科《きょうか》だね

国語《こくご》に必要《ひつよう》な記憶能力《きおくのうりょく》は、漢字《かんじ》を読《よ》む力《ちから》や書《か》く力《ちから》、語《ご》い力《りょく》やいいかえの技術《ぎじゅつ》など。言葉《ことば》をたくさん知《し》ることが重要《じゅうよう》になるね。

思考能力《しこうのうりょく》は、文章《ぶんしょう》を正確《せいかく》に読《よ》む力《ちから》、はやく読《よ》む力《ちから》などだよ。文章《ぶんしょう》を読《よ》む力《ちから》は、小《ちい》さなころから本《ほん》を読《よ》むなどして文章《ぶんしょう》に親《した》しんでいるかの影響《えいきょう》が強《つよ》いけど、訓練《くんれん》でのばすこともできるんだ。

言葉《ことば》を知《し》ることと文章《ぶんしょう》を読《よ》みとくこと、両方《りょうほう》にとり組《く》んでいこう。

記憶能力《きおくのうりょく》が必要《ひつよう》

- 漢字《かんじ》を読《よ》む力《ちから》・書《か》く力《ちから》
- 語《ご》い力《りょく》や背景知識《はいけいちしき》
- いいかえの技術《ぎじゅつ》

など

思考能力《しこうのうりょく》が必要《ひつよう》

- 正確《せいかく》に読《よ》む力《ちから》
- はやく読《よ》む力《ちから》
- 記憶《きおく》しながら読《よ》む力《ちから》
- 理由《りゆう》をたどる技術《ぎじゅつ》　など

1 いいかえゲームに挑戦《ちょうせん》しよう

国語《こくご》のテストでは、「これ」や「あれ」などの指示語《しじご》に線《せん》が引《ひ》かれていて、「『これ』は何《なに》を指《さ》すでしょう？」と問《と》われたり、長文《ちょうぶん》に線《せん》が引《ひ》かれていて「何《なに》をいいたいかまとめましょう」と問《と》われたりするよね。こういった問題《もんだい》は、「いいかえる技術《ぎじゅつ》」を身《み》につけることで、攻略《こうりゃく》できるんだ。

いいかえる技術《ぎじゅつ》を身《み》につけるには、「いいかえゲーム」をするのがおすすめだよ。

たとえば、「犬《いぬ》とは何《なに》？」を考《かんが》えよう。「いや、犬《いぬ》は犬《いぬ》でしょ」といいたくなるかもしれないけど、犬《いぬ》という言葉《ことば》を使《つか》わずに犬《いぬ》のことを説明《せつめい》するのが、いいかえゲームなんだ。

- 世界中《せかいじゅう》でペットとして飼育《しいく》されている動物《どうぶつ》
- ほ乳類《にゅうるい》の食肉目《しょくにくもく》イヌ科《か》に属《ぞく》する動物《どうぶつ》。プードルや柴犬《しばいぬ》など、数《すう》百種類《ひゃくしゅるい》の犬種《けんしゅ》がいる

こんなふうに、「いいかえゲーム」で言葉《ことば》を具体化《ぐたいか》する力《ちから》を身《み》につけることで、国語《こくご》の問《と》いも攻略《こうりゃく》しやすくなるよ。

2 手《て》がかりを見《み》つけて理由《りゆう》を推理《すいり》しよう

作者《さくしゃ》の考《かんが》えや登場人物《とうじょうじんぶつ》の行動《こうどう》に線《せん》が引《ひ》かれていて「なぜか説明《せつめい》しなさい」という問題《もんだい》を目《め》にしたことも多《おお》いはず。このとき、「もし自分《じぶん》だったら」と考《かんが》えるのはNG《エヌジー》。登場人物《とうじょうじんぶつ》の正確《せいかく》な気《き》もちを見落《みお》としやすくなるよ。

こんなときは、問題文《もんだいぶん》のなかにある「手《て》がかり」を探《さが》そう。国語《こくご》の文章問題《ぶんしょうもんだい》の答《こた》えは、文章《ぶんしょう》のなかにある手《て》がかりを見《み》つけて、そこから推理《すいり》していけばわかるようにつくられているんだ。

たとえば「○○の気《き》もちを答《こた》えなさい」という問題《もんだい》が出《で》たとしよう。そんなとき、例文《れいぶん》に「〜という気《き》もち」と直接書《ちょくせつか》いていなくても、「暗《くら》い」や「明《あか》るい」などと気《き》もちに関係《かんけい》する言葉《ことば》が入《はい》っていれば、それを手《て》がかりにして『暗《くら》い』と書《か》いてあるから、暗《くら》い気《き》もちと同《おな》じ意味《いみ》の『落《お》ちこんでいる』が答《こた》えかもしれない」と推理《すいり》するんだ。

日《ひ》ごろから文章《ぶんしょう》を読《よ》むときは、そのなかに作者《さくしゃ》がいいたいことの手《て》がかりを探《さが》して推理《すいり》するクセをつけておくことで、文章問題《ぶんしょうもんだい》に答《こた》える力《ちから》が身《み》につくよ。

3 読《どく》書《しょ》で総《そう》合《ごう》力《りょく》をのばそう

国語《こくご》の力《ちから》をのばすには、やっぱり読書《どくしょ》が効果的《こうかてき》。さまざまな単語《たんご》を使《つか》いこなせる「語《ご》い力《りょく》」や文章《ぶんしょう》の内容《ないよう》を理解《りかい》するのに知《し》っておきたい「背景知識《はいけいちしき》」、多《おお》くの文章《ぶんしょう》を読《よ》むことで「はやく正確《せいかく》に読《よ》む力《ちから》」など、国語《こくご》の総合力《そうごうりょく》が自然《しぜん》とそだっていくんだ。

本《ほん》を読《よ》むのが苦手《にがて》な人《ひと》は、自分《じぶん》の好《す》きなことや自分《じぶん》の「推《お》し」についての短《みじか》い記事《きじ》を読《よ》むところからでOK《オーケー》。たとえばサッカーが好《す》きなら、自分《じぶん》の好《す》きな選手《せんしゅ》のインタビューや記事《きじ》などからはじめてみよう。

本《ほん》を読《よ》んで「知《し》らない言葉《ことば》」を知《し》ることが「語《ご》い力《りょく》」アップのコツ

国語攻略《こくごこうりゃく》Q《キュー》&《アンド》A《エー》

勉強法《べんきょうほう》は
わかったけど
やっぱり苦手《にがて》な気《き》が
しちゃうんだよね～

Q《キュー》 文章《ぶんしょう》を読《よ》むのが苦手《にがて》……

A《エー》 文章《ぶんしょう》のつくりは「音読《おんどく》」でつかもう

まずは音読《おんどく》をしてみよう。つっかえやすかったり、反対《はんたい》に息《いき》つぎのタイミングがわからないくらい長《なが》く読《よ》んだりしていないかな？　その場合《ばあい》、文章《ぶんしょう》の「つくり」がつかめていない可《か》能性《のうせい》が高《たか》いよ。ここでいうつくりとは、その文章《ぶんしょう》はどんな言葉《ことば》がくみ合《あ》わさってできているか、ということ。

おうちの人《ひと》や国語《こくご》が得意《とくい》な友《とも》だちに音読《おんどく》してもらって、言葉《ことば》がどこで切《き》れるか確認《かくにん》しよう。まねしてくり返《かえ》すうちに、文《ぶん》のつくりをつかめるはずだよ。

Q《キュー》 漢字《かんじ》が覚《おぼ》えられない……

A《エー》 漢字《かんじ》の「パーツ」を意識《いしき》しよう

漢字《かんじ》は、ひとかたまりの図形《ずけい》としてではなく、いくつかのパーツ（部品《ぶひん》）のくみ合《あ》わせで覚《おぼ》えよう。パーツを意識《いしき》するには、「漢字《かんじ》しりとり」がおすすめ。左《ひだり》のように同《おな》じパーツをふくむ漢字《かんじ》をつなげていくんだ。知《し》っている漢字《かんじ》で、いくつ連鎖《れんさ》できるかためしてみよう！

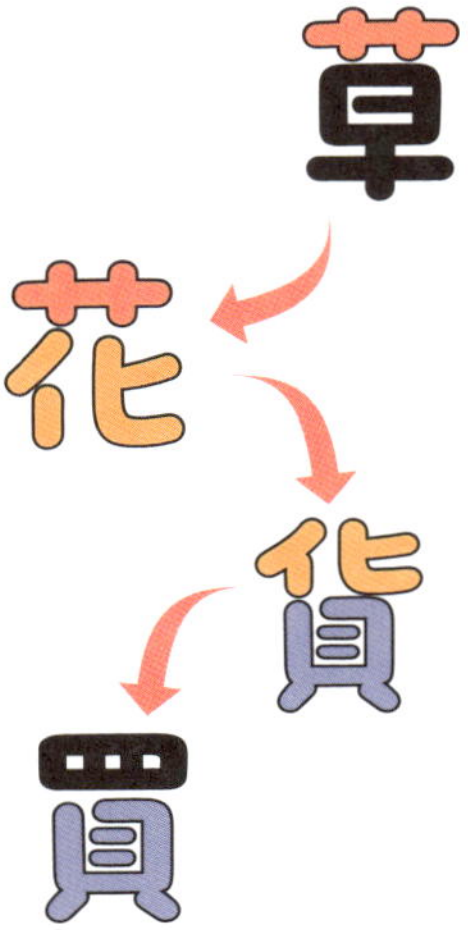
草
花
貨
買

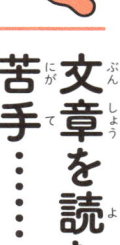

教科別《きょうかべつ》
攻略《こうりゃく》

算《さん》数《すう》

問《もん》題《だい》を具《ぐ》体《たい》的《てき》にイメージしよう

　算数《さんすう》も、授業《じゅぎょう》で習《なら》う公式《こうしき》や図《ず》の描《か》き方《かた》などを暗記《あんき》するだけでなく、それらを生《い》かすための「思考能力《しこうのうりょく》」が大切《たいせつ》だ。

　きみは算数《さんすう》の問題文《もんだいぶん》を頭《あたま》の中《なか》でイメージにできるかな？「A《エー》とB《ビー》のどちらが多《おお》いか」をイメージしたり、「三角《さんかく》すい」といわれて頭《あたま》の中《なか》で形《かたち》を描《えが》くんだ。算数《さんすう》で必要《ひつよう》になる「思考能力《しこうのうりょく》」は、こんなふうに数字《すうじ》や図形《ずけい》、空間《くうかん》や立体《りったい》を感《かん》覚的《かくてき》にとらえてイメージする力《ちから》だよ。数字《すうじ》や図形《ずけい》をイメージできると、問題文《もんだいぶん》を見《み》て「A《エー》とB《ビー》は数《かず》がちがう。合計数《ごうけいすう》を求《もと》めるなら、使《つか》うのはつるかめ算《ざん》だな」と考《かんが》えられる。反対《はんたい》に、イメージ化《か》できないと、なんの問題《もんだい》かわからず、つまずきやすいんだ。

　ここでは、イメージする力《ちから》をのばすコツを紹介《しょうかい》するよ。

算数《さんすう》を苦手科目《にがてかもく》にあげる人《ひと》はとても多《おお》いんだ

記憶能力《きおくのうりょく》が必要《ひつよう》

- **公式《こうしき》や図《ず》の描《か》き方《かた》、単位《たんい》記号《きごう》などを正確《せいかく》に記憶《きおく》して、使《つか》いわける力《ちから》**

思考能力《しこうのうりょく》が必要《ひつよう》

- **数《かず》の大《おお》きさや割合《わりあい》、図形《ずけい》などを感覚的《かんかくてき》にとらえてイメージする力《ちから》**

1 数《すう》字《じ》をイメージにしてみよう

たとえば8分《ぶん》の5や5分《ぶん》の3といった分数《ぶんすう》を、画像《がぞう》としてイメージしてみよう。8つのりんごのうち5つは赤《あか》く3つは青《あお》い、というように、できるだけ具体的《ぐたいてき》な方《ほう》がいいね。文章問題《ぶんしょうもんだい》も、「A《エー》くんが徒歩《とほ》で出発《しゅっぱつ》した10分後《ぷんご》にB《ビー》さんが自転車《じてんしゃ》で追《お》いかける」という場面《ばめん》を、画像《がぞう》や映像《えいぞう》でイメージしてみる。まずは絵《え》を描《か》いてみてもいい。くり返《かえ》すうちに、頭《あたま》のなかで自然《しぜん》とイメージできて、何《なに》を問《と》われているのかわかったり「8分《ぶん》の5の方《ほう》が多《おお》そうだ」と予測《よそく》できるようになるよ。

2 パズルで能力《のうりょく》をきたえよう

算数《さんすう》の「能力《のうりょく》」をきたえるイチオシの勉強法《べんきょうほう》は、数《かず》や図形《ずけい》のパズルで遊《あそ》ぶこと！

ああでもない、こうでもないと、試行錯誤《しこうさくご》しながらパズルにとり組《く》むことで、算数《さんすう》で必要《ひつよう》な能力《のうりょく》が身《み》につくんだ。さらに、数《かず》や図形《ずけい》をイメージ化《か》したり、感覚的《かんかくてき》にとらえる力《ちから》もぐんとアップするよ。かんたんなものからむずかしいものまで、種類《しゅるい》がたくさんあるので、自分《じぶん》ができそうなレベルからはじめられて、楽《たの》しくレベルアップしていけるのもいいところだね。

実際《じっさい》に、子《こ》どものころからブロック玩具《がんぐ》やタングラムで遊《あそ》んでいた子《こ》は、算数《さんすう》の能力《のうりょく》が高《たか》い傾向《けいこう》にあるんだ。

次《つぎ》のページでは、いくつか算数《さんすう》パズルを紹介《しょうかい》するから、さっそく挑戦《ちょうせん》してみよう！

算数《さんすう》パズルは
学習塾《がくしゅうじゅく》などの
教材《きょうざい》としても
使《つか》われているよ

このパーツから
ねこが
できた！

チャレンジ！算数《さんすう》パズル

魔方陣《まほうじん》パズル

下《した》の表《ひょう》に1～16までの数《かず》を1つずつ入《い》れて、タテ・ヨコ・ナナメのどこから足《た》しても4つの数《かず》の合計《ごうけい》が同《おな》じになるようにします。それぞれ、空《あ》いているマスをうめなさい。

Q《キュー》1

	13	2	
	6		
	4	15	10
14		8	

Q《キュー》2

		11	4
	9	7	
3		10	
15			1

穴《あな》あけパズル

下《した》の図《ず》のように、小《ちい》さな立方体《りっぽうたい》をつみ重《かさ》ねて大《おお》きな立方体《りっぽうたい》をつくりました。黒丸《くろまる》（●）の位置《いち》に、反対側《はんたいがわ》までまっすぐつきぬける穴《あな》をあけたとき、穴《あな》のあいた小《ちい》さな立方体《りっぽうたい》は、それぞれいくつになるでしょう。

Q《キュー》1

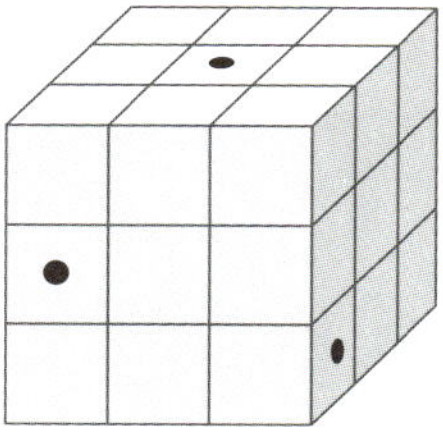

Q《キュー》2

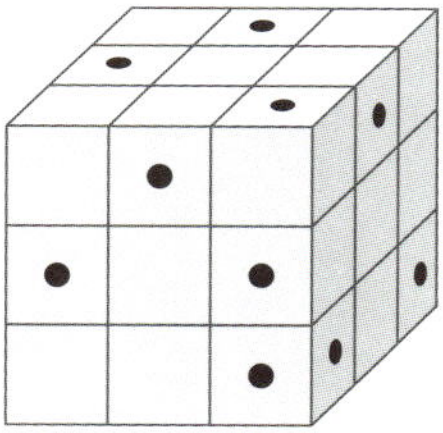

切断《せつだん》パズル

下《した》の図《ず》の立方体《りっぽうたい》を、それぞれ3つの点《てん》（●）を通《とお》る平面《へいめん》で切《き》ったとき、切《き》り口《くち》はなんという形《かたち》になるでしょう。

Q《キュー》1

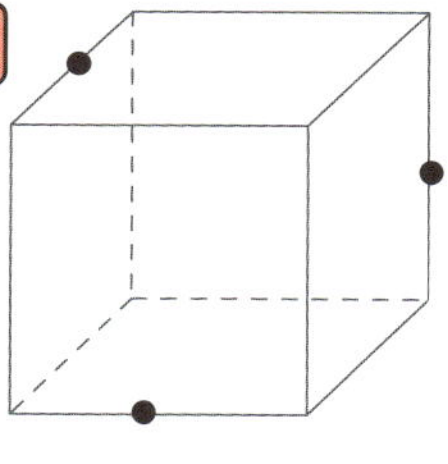

Q《キュー》2

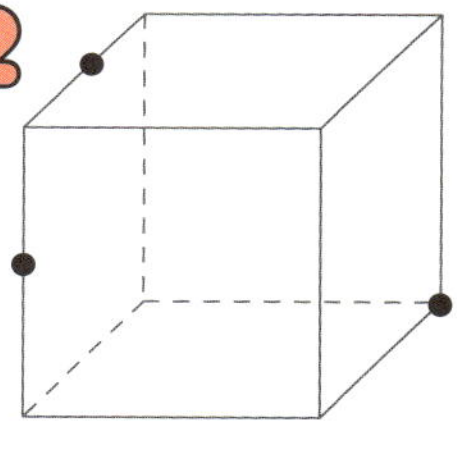

パズルの答《こた》えは最終《さいしゅう》ページに。

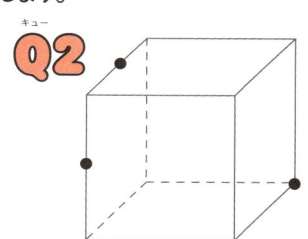

算数攻略《さんすうこうりゃく》 Q《キュー》&《アンド》A《エー》

算数《さんすう》は先生《せんせい》の
説明《せつめい》を聞《き》いても
よくわからない
ことがあるの～

Q《キュー》

計算《けいさん》ミスをしてしまう……

A《エー》

くり返《かえ》し練習《れんしゅう》して体《からだ》にしみこませよう

きみは自転車《じてんしゃ》に乗《の》れるかな？　最《さい》初《しょ》は考《かんが》えながら乗《の》っていたとしても、なれるうちに頭《あたま》で考《かんが》えなくても体《からだ》が動《うご》くようになるものだよね。

計算《けいさん》もそれと同《おな》じ。何度《なんど》もくり返《かえ》すことで、正《ただ》しいやり方《かた》が体《からだ》にしみついて「どういう順番《じゅんばん》で解《と》くんだっけ？」と考《かんが》えずにできるようになる。ミスは、反復練習《はんぷくれんしゅう》で少《すく》なくなるんだ。

くり返《かえ》し練習《れんしゅう》は
すこしやさしめの
問題《もんだい》からはじめて
みよう！

スポーツの
準備運動《じゅんびうんどう》みたいに
毎日《まいにち》ほかの勉強《べんきょう》の
前《まえ》にやってみる～

Q《キュー》　「割合《わりあい》」がよくわからない……

A《エー》　日常《にちじょう》のなかにある「割合《わりあい》」に注目《ちゅうもく》しよう

算数《さんすう》のなかで、とくにつまずく人《ひと》が多《おお》いのが「割合《わりあい》」。たしかに、「4個《こ》ずつに分《わ》ける」と「4等分《とうぶん》にする」とのちがいは、文字《もじ》だけではつかみづらいかもしれないね。

たとえば、4個《こ》ずつに分《わ》けるなら「20個《こ》のチョコを4個《こ》ずつみんなに配《くば》る」場面《ばめん》を、4等分《とうぶん》は「大《おお》きなケーキを4つに切《き》りわける」場面《ばめん》を、それぞれ想像《そうぞう》してみよう。日常《にちじょう》のなかには、こんな場面《ばめん》がたくさんあるから、ふだんから「これは割合《わりあい》で考《かんが》えられるかな？」と意識《いしき》してみよう。

Q《キュー》　「図形《ずけい》」が苦手《にがて》……

A《エー》　ブロックで遊《あそ》んでイメージ力《ちから》を高《たか》めよう

割合《わりあい》とならんでつまずきやすいのが「図形《ずけい》」だ。これも、図形《ずけい》を頭《あたま》のなかで分解《ぶんかい》したりくっつけたりと、感覚的《かんかくてき》にとらえられないのが苦手《にがて》の原因《げんいん》だよ。

算数《さんすう》パズルも解《と》くのがむずかしいなら、ブロックや積《つ》み木《き》など手《て》にとって遊《あそ》べるものから、ものの形《かたち》に親《した》しんでいこう。たとえば立方体《りっぽうたい》や直方体《ちょくほうたい》、円《えん》すいなど、パズルに出《で》てくるような形《かたち》のブロックをいつも手《て》でさわっていると、自然《しぜん》と頭《あたま》のなかにもイメージできるようになるよ。

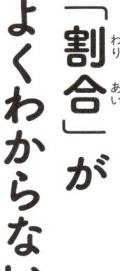

教科別《きょうかべつ》攻略《こうりゃく》

理科《りか》

暗記《あんき》は「自分《じぶん》ごと」に

理科《りか》は、大《おお》きくいうと4つの分《ぶん》野《や》に分《わ》けられる。植物《しょくぶつ》や動物《どうぶつ》、人《じん》体《たい》のしくみなどの「生物《せいぶつ》」、太陽《たいよう》や星《ほし》、天気《てんき》や地層《ちそう》などの「地学《ちがく》」、水溶液《すいようえき》や気体《きたい》、状態変化《じょうたいへんか》などの「化学《かがく》」、力《ちから》とばね、熱《ねつ》などの「物《ぶつ》理《り》」だ。物理《ぶつり》と化学《かがく》は計算《けいさん》が多《おお》く、生物《せいぶつ》と地学《ちがく》は知識《ちしき》の暗記《あんき》が多《おお》いね。

効率《こうりつ》よく記憶《きおく》するコツは、覚《おぼ》えたいことを「自分《じぶん》ごと」ととらえること。人《ひと》の脳《のう》は、自分《じぶん》には関係《かんけい》がないことを、不要《ふよう》な情報《じょうほう》として消《け》してしまうんだ。せっかく勉強《べんきょう》しても、脳《のう》が「いらない」と判断《はんだん》すると、どんどん頭《あたま》から消《き》えていってしまうよ。脳《のう》に「必要《ひつよう》な情《じょう》報《ほう》」と判断《はんだん》させるためには、ものごとを体験《たいけん》することが有効《ゆうこう》！　体《たい》験《けん》と学《まな》んだ知識《ちしき》をひもづけることで、暗記《あんき》の効率《こうりつ》がアップするよ。

暗記《あんき》が重要《じゅうよう》な
教科《きょうか》だから
得意不得意《とくいふとくい》が
大《おお》きく分《わ》かれるね

1 身《み》のまわりの教材《きょうざい》にふれよう

理科《りか》は身《み》のまわりに教材《きょうざい》がたくさんあるので、「体験《たいけん》」にはうってつけ。気合《きあい》を入《い》れてプラネタリウムや博物館《はくぶつかん》にいってもいいけど、そうひんぱんにはいけないね。

それよりも、近所《きんじょ》の公園《こうえん》に出《で》かけて小《ちい》さな生《い》きもののようすや葉《は》っぱのつくりを観察《かんさつ》したり、夜《よる》ベランダに出《で》て月《つき》の形《かたち》や見《み》える方《ほう》角《がく》を記録《きろく》したりしてみよう。虫《むし》メガネを使《つか》って太陽《たいよう》の光《ひかり》を集《あつ》めて紙《かみ》をこがせば、「光《ひかり》の屈折《くっせつ》」の勉強《べんきょう》にもなる。

勉強《べんきょう》の気晴《きば》らしにもなるので、意識《いしき》して「体験《たいけん》」してみよう。

2 表《ひょう》やグラフを自分《じぶん》でつくろう

理科《りか》のテストでは、表《ひょう》やグラフから情報《じょうほう》を読《よ》みとる問題《もんだい》が出《で》ることもある。「算数《さんすう》みたい」と身《み》がまえてしまうけど、これも暗記《あんき》と同《おな》じように「体験《たいけん》」して自分《じぶん》ごとにすれば、サクサク読《よ》みとれるようになるはずだ。具体的《ぐたいてき》には、表《ひょう》やグラフを自分《じぶん》でつくってみることだ。さとうや塩《しお》などを水《みず》にとかして、実際《じっさい》に何《なん》グラムとけるか記録《きろく》してグラフにしてみよう。そうすれば、テストで同《おな》じグラフを見《み》たときに、脳《のう》が「あのとき体験《たいけん》したことだ！」と思《おも》い出《だ》しやすくなるよ。

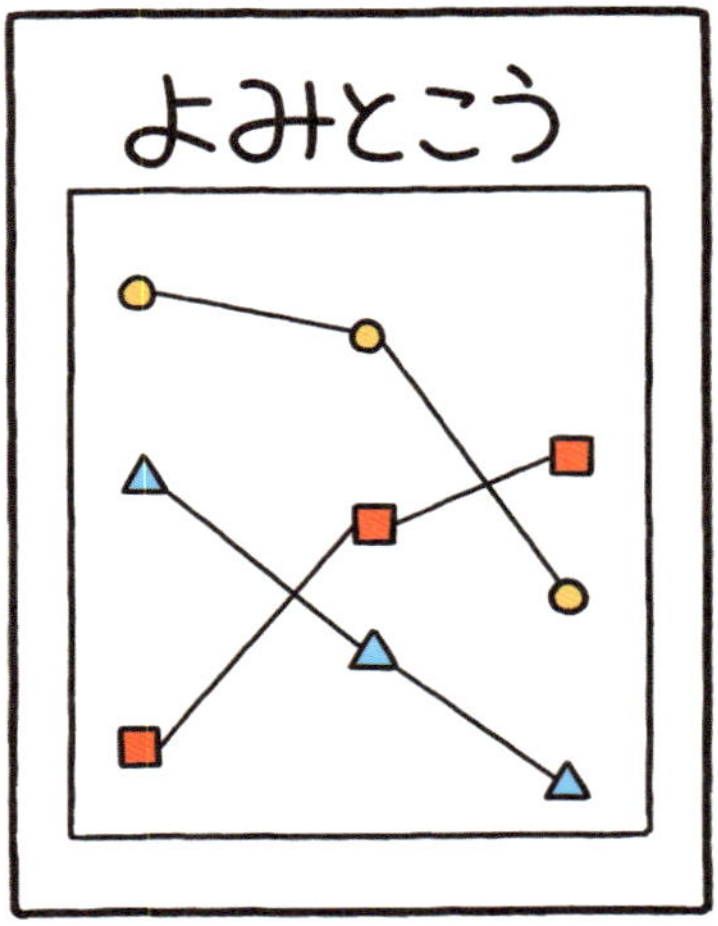
よみとこう

実験《じっけん》のなかには
危険《きけん》なものもあるから
かならずおうちの人《ひと》と
いっしょにね！

理科《りか》の実験《じっけん》は家《いえ》でもできる！

実験《じっけん》は、学校《がっこう》の授業《じゅぎょう》じゃないとできないと思《おも》いこんでいないかな？　じつは、リトマス試験紙《しけんし》やＢＴＢ溶液《ビーティービーようえき》など実験《じっけん》に必要《ひつよう》なものは、インターネットでもかえるようになっているんだ。おうちの人《ひと》にも相談《そうだん》して道具《どうぐ》を購入《こうにゅう》し、おうちで理科《りか》の実験《じっけん》をしてみよう！

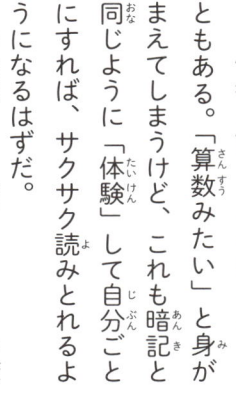

教科書《きょうかしょ》と同《おな》じグラフをつくってみよう！

1 グラフのもとになる実験《じっけん》をする

たとえば、教科書《きょうかしょ》に「バネに重《おも》りをつるしたときの重《おも》りの重《おも》さとバネの長《なが》さの関係《かんけい》」のグラフがのっていたなら、実際《じっさい》にバネと重《おも》りを用意《ようい》して、おうちで実験《じっけん》してみよう。

2 グラフをつける

実験《じっけん》したら、かならず表《ひょう》やグラフに結果《けっか》をまとめよう！　重《おも》りの重《おも》さ、バネの長《なが》さなど、もとになった教科書《きょうかしょ》の表《ひょう》やグラフと同《おな》じ形式《けいしき》で記録《きろく》してね。

3 できたグラフと教科書《きょうかしょ》を見《み》くらべてみる

もとの表《ひょう》やグラフと、自分《じぶん》でつくったものを見《み》くらべてみよう。2つの表《ひょう》やグラフが一致《いっち》していない場合《ばあい》は、何《なに》か条件《じょうけん》がちがうのかもしれない。こんなふうに試行錯誤《しこうさくご》をすることで、知《し》らず知《し》らずのうちに「自分《じぶん》ごと」になっていくよ。

おもしろそうな
内容《ないよう》と そうじゃない
内容《ないよう》と 両方《りょうほう》あるん
だよな～

理科攻略《りかこうりゃく》 Q《キュー》&《アンド》A《エー》

Q《キュー》 グラフや文章《ぶんしょう》問題《もんだい》が苦手《にがて》……

A《エー》 何《なに》がおきているかを理解《りかい》することが大切《たいせつ》

グラフや表《ひょう》などの「読《よ》みとり問題《もんだい》」が苦手《にがて》な人《ひと》は、じつは算数《さんすう》の文章問題《しょうもんだい》も不得意《ふとくい》なことが多《おお》いんだ。グラフや問題文《もんだいぶん》が「何《なに》がどうなっているところをあらわしたものか」が分《わ》からないから、正《ただ》しい公式《こうしき》や解《と》き方《かた》を選《えら》ぶことができないんだね。

問題《もんだい》で「何《なに》がおきているか」をつかむためには、ここまでに紹介《しょうかい》したように、グラフや表《ひょう》をつくってみるなど、「おきていること」を自分《じぶん》でやってみるのが効果的《こうかてき》だよ。

Q《キュー》 どうしても暗記《あんき》ができない……

A《エー》 別《べつ》の教科《きょうか》でとり返《かえ》す手《て》も

生物《せいぶつ》や地学《ちがく》などは、興味《きょうみ》をもてないと記憶《きおく》に定着《ていちゃく》しづらいので、苦手《にがて》意識《いしき》がふくらんでしまうことも。

どうしても興味《きょうみ》がもてない場合《ばあい》は、いっそ「最低限必要《さいていげんひつよう》なことだけを覚《おぼ》えて、あとは別《べつ》の教科《きょうか》でとり返《かえ》す！」とわり切《き》ってしまうのも、ひとつの手《て》かもしれないね。苦手教科《にがてきょうか》の暗記《あんき》につかっていた時間《じかん》やパワーを、別《べつ》の教科《きょうか》の勉強《べんきょう》に使《つか》うんだ。

これまで平均点《へいきんてん》だった教科《きょうか》を、第《だい》2、第《だい》3の得意教科《とくいきょうか》にして、苦手教《にがてきょう》科《か》の失点《しってん》をカバーしてしまおう。

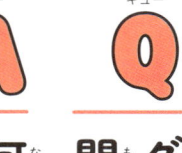

教科別《きょうかべつ》
攻略《こうりゃく》

社会《しゃかい》

体験《たいけん》を通《つう》じてしっかり記憶《きおく》に定着《ていちゃく》させよう

社会《しゃかい》は、都道府県《とどうふけん》の特産品《とくさんひん》などを知《し》る「地理《ちり》」、日本《にほん》の成《な》り立《た》ちからの「歴史《れきし》」、政治《せいじ》などの「公民《こうみん》」と、覚《おぼ》えなければならないことがたくさんあるね。

暗記《あんき》は自分《じぶん》ごととしてとらえることが大切《たいせつ》。たとえば、「青森県《あおもりけん》の特産品《とくさんひん》はりんご」と教科書《きょうかしょ》で見《み》ただけでは、すぐに忘《わす》れてしまうかもしれない。でも、実際《じっさい》に青森《あおもり》に旅行《りょこう》しておいしいりんごを食《た》べたなら、その記憶《きおく》はずっと残《のこ》るもの。旅行《りょこう》をしなくても、たとえばスーパーのくだもの売《う》り場《ば》でりんごの産地《さんち》をたしかめてみるだけでもいいんだ。

一気《いっき》に覚《おぼ》えたことより、じっくり身《み》につけたことの方《ほう》が記憶《きおく》に定着《ていちゃく》しやすいから、ふだんの体験《たいけん》を通《つう》じて社会《しゃかい》の知識《ちしき》を「自分《じぶん》ごと」にしていこう!

社会《しゃかい》は理科《りか》と
同《おな》じく暗記《あんき》が重要《じゅうよう》
こちらも「体験《たいけん》」が
カギになるよ!

長野産《ながのさん》
青森産《あおもりさん》

1 都道府県《とどうふけん》はじっくり覚《おぼ》えよう

社会《しゃかい》の勉強《べんきょう》のうち、地理《ちり》は、とにかく「47都道府県《とどうふけん》の名前《なまえ》と場所《ばしょ》」を覚《おぼ》えるのがカギだよ。そのあとならう都道府県《とどうふけん》を覚《おぼ》えておけば、知識《ちしき》も記憶《きおく》に定着《ていちゃく》しやすいんだ。

白地図《はくちず》を用意《ようい》して、親《しん》せきの家《いえ》や旅行《りょこう》でいった先《さき》、夕食《ゆうしょく》の野菜《やさい》の産地《さんち》など、自分《じぶん》が関係《かんけい》したところをぬりつぶしていくと、楽《たの》しみながら覚《おぼ》えられるね。

もうひとつおすすめなのが「都《と》道府県《どうふけん》パズル」。実物《じつぶつ》のパズルも売《う》っているし、ダウンロードできるアプリもあるよ。

都道府県《とどうふけん》の名前《なまえ》と位置《いち》をおぼえたら、「この位置《いち》なら、こういう気候《きこう》で、農作物《のうさくもつ》はこれ」、「この地《ち》形《けい》なら、産業《さんぎょう》はこれ」というように、覚《おぼ》えたことにひもづけながら、くわしい内容《ないよう》を暗記《あんき》していこう。

2 歴史《れきし》は人物《じんぶつ》とストーリーで理解《りかい》しよう

歴史《れきし》は、漢字《かんじ》だらけの人名《じんめい》や、「〇〇の戦《たたか》い」などのむずかしい言葉《ことば》がたくさん出《で》てきて、苦手《にがて》に感《かん》じる人《ひと》もいるよね。攻略法《こうりゃくほう》は、人物《じんぶつ》から覚《おぼ》えること！　歴史人物《れきしじんぶつ》のカルタやカードゲームで遊《あそ》びながら、まずは顔《かお》と名前《なまえ》を覚《おぼ》えてしまおう。そのあとで、何《なに》をした人《ひと》なのかをじっくり覚《おぼ》えていくんだ。

マンガや伝記《でんき》を読《よ》んで、歴史上《れきしじょう》のできごとを「物語《ものがたり》」としてとらえるのもおすすめ。マンガや伝記《でんき》は読《よ》みものとしても楽《たの》しめるように書《か》かれているから、できごとがおこった理由《りゆう》や流《なが》れを、より印象《いんしょう》深《ぶか》く記憶《きおく》に定着《ていちゃく》させられるよ。

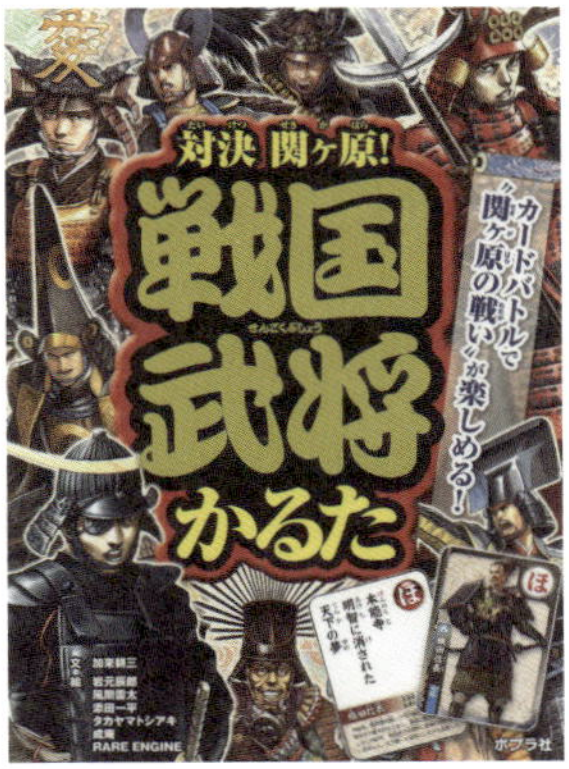

カルタやゲームなどで遊《あそ》びながら、自分《じぶん》のお気《き》に入《い》りの人物《じんぶつ》を探《さが》すのもおすすめ。

3 公民《こうみん》は日常生活《にちじょうせいかつ》と結《むす》びつけよう

いいね。おうちの人《ひと》や友《とも》だちと予《よ》想《そう》しあって、その結果《けっか》を見守《みまも》る体《たい》験《けん》をすると、世《よ》の中《なか》のしくみを記《き》憶《おく》に定着《ていちゃく》させやすくなるよ。

公民《こうみん》では、基本的人権《きほんてきじんけん》や政治《せいじ》のしくみ、選挙《せんきょ》のシステム、地方自《ちほうじ》治《ち》などを学《まな》ぶよ。こう書《か》くと、むずかしそうと感《かん》じるかもしれないけど、ざっくりいうと「世《よ》の中《なか》のしくみ」を学《まな》ぶんだ。

世《よ》の中《なか》のしくみを実感《じっかん》するためには、「もし○○がなかったら」を想像《そうぞう》してみるのがおすすめ。もし人権《じんけん》がなかったら、法律《ほうりつ》がなかったら、自分《じぶん》のくらしは今《いま》とどうかわるかな？ 仮定《かてい》することで、そのしくみのはたらきが理解《りかい》しやすくなるよ。

選挙《せんきょ》が行《おこな》われるタイミングがあれば、その結果《けっか》を予想《よそう》してみても

むずかしそう
って思《おも》ってたけど
おもしろそうな
気《き》がしてきた！

開票速報《かいひょうそくほう》

社《しゃ》会《かい》攻《こう》略《りゃく》 Q《キュー》&《アンド》A《エー》

ぜんぜん頭《あたま》に入《はい》ってこないからよけいにやる気《き》がなくなっちゃう…

Q《キュー》 覚《おぼ》えることが多《おお》すぎてつらい……

A《エー》 大事《だいじ》なところだけを先《さき》に覚《おぼ》えておこう

地理《ちり》なら都道府県《とどうふけん》、歴史《れきし》なら人物《じんぶつ》の名前《なまえ》、というように、「ぜったいに覚《おぼ》えておきたい、大事《だいじ》なところ」だけを、まずは頭《あたま》に入《い》れておこう。これは、授業《じゅぎょう》で習《なら》いはじめる前《まえ》に、やっておけるとベストだね。少《すこ》しでも知《し》っていることだと、授業《じゅぎょう》で習《なら》ったときの記憶《きおく》の定着《ていちゃく》がぐんとアップするんだ。

覚《おぼ》えるときは、一気《いっき》にやろうとせず、パズルやカルタを使《つか》って、少《すこ》しずつ楽《たの》しく覚《おぼ》えよう！

授業《じゅぎょう》で知《し》っていることが出《で》てくると それに関連《かんれん》して習《なら》うことも理解《りかい》しやすくなるので「社会《しゃかい》が得意《とくい》！」と思《おも》えるようになるよ

教科別《きょうかべつ》攻略《こうりゃく》

英《えい》語《ご》

声《こえ》に出《だ》してアウトプットしながら覚《おぼ》えよう

英語《えいご》は「アウトプット」がとても大切《たいせつ》な教科《きょうか》なんだ。教科書《きょうかしょ》を読《よ》んだり英語《えいご》を聞《き》いたりするだけではなく、実際《じっさい》に声《こえ》に出《だ》すことで、記憶《きおく》への定着率《ていちゃくりつ》がぐーんとアップするよ。

英語《えいご》の絵本《えほん》を音読《おんどく》するのもいいし、英語《えいご》の歌詞《かし》の曲《きょく》を歌《うた》うのもおすすめだ。今《いま》は、英語《えいご》のアウトプットに最適《さいてき》なアプリもあるから、スマートフォンやタブレットが使《つか》えるなら、活用《かつよう》してもいいかもしれないね。

中学入試《ちゅうがくにゅうし》では、受験教科《じゅけんきょうか》に英語《えいご》が入《はい》る学校《がっこう》がふえていて、今後《こんご》ますます英語《えいご》の重要度《じゅうようど》はあがっていくと考《かんが》えられているよ。アウトプットを重視《じゅうし》した勉強《べんきょう》で、まわりに差《さ》をつけよう！

シャドーイングとリピーティング

英語《えいご》を聞《き》く「リスニング」には、発音《はつおん》を正確《せいかく》に聞《き》きとる「音声知《おんせいち》覚《かく》」と、内容《ないよう》をとらえる「意味理《いみり》解《かい》」が必要《ひつよう》になる。この2つの力《ちから》をのばすのに効果《こうか》が高《たか》いといわれているのが、「シャドーイング」と「リピーティング」だ。

どちらも、「耳《みみ》にした英語《えいご》を口《くち》に出《だ》していう（復唱《ふくしょう》する）」という学習方法《がくしゅうほうほう》だよ。

それぞれ
効果《こうか》がちがうから
どちらも
とり入《い》れよう！

シャドーイング

英語《えいご》の音《おと》が聞《き》こえたら、間《あいだ》をあけずすぐに復唱《ふくしょう》する勉強法《べんきょうほう》だよ。英語《えいご》の意味《いみ》は考《かんが》えず、音《おと》を聞《き》いたらすぐに同《おな》じ英語《えいご》を口《くち》に出《だ》す。こうすることで「音声知覚《おんせいちかく》」の力《ちから》が高《たか》まり、英語《えいご》を聞《き》いたときに「意味理《いみり》解《かい》」をするよゆうが生《う》まれるんだ。

Apple
アッポゥ

リピーティング

英語《えいご》の文章《ぶんしょう》がひとかたまり流《なが》れるのをまってから、復唱《ふくしょう》する勉強法《べんきょうほう》だ。できるだけ、聞《き》こえた音《おと》をそのまま発音《はつおん》しよう。シャドーイングよりも、ひとつひとつの単語《たんご》の意味《いみ》に注意《ちゅうい》が向《む》くので、音《おと》を聞《き》きながら「意味理解《いみりかい》」の力《ちから》を高《たか》めることができるんだ。

I like
parsley
アイ ライク
パァスリィ

COLUMN《コラム》 2

ふだんの生活《せいかつ》や遊《あそ》びも大切《たいせつ》！

パズルやゲームは、一見《いっけん》「勉強《べんきょう》」に見《み》えないため、おうちの人《ひと》に「遊《あそ》んでる？」と誤解《ごかい》されるかも。そんなときは、このページを読《よ》んでもらおう。

さまざまな「体験《たいけん》」が勉強《べんきょう》の「能力《のうりょく》」を高《たか》める

この章《しょう》では、勉強《べんきょう》は「記憶能力《きおくのうりょく》」と「思考能力《しこうのうりょく》」の両方《りょうほう》を高《たか》めることが大切《たいせつ》だということを紹介《しょうかい》してきたね。

とくに、文章《ぶんしょう》を正確《せいかく》に読《よ》んだり、数字《すうじ》を具体的《ぐたいてき》な形《かたち》でイメージしたり、理科《りか》や社会《しゃかい》で学《まな》ぶ内容《ないよう》を自分《じぶん》ごととしてとらえる思考能力《しこうのうりょく》は、机《つくえ》に向《む》かっているだけでは、なかなか身《み》につかない。日《ひ》ごろから読書《どくしょ》をしたり、パズルをしたり、外《そと》に出《で》かけて観察《かんさつ》したりと、さまざまな体験《たいけん》をすることが、成績《せいせき》アップにつながるんだ。

おうちの人《ひと》が心配《しんぱい》するようなら、「この体験《たいけん》は思考能力《しこうのうりょく》を高《たか》めるために必要《ひつよう》なんだ」と伝《つた》えて安心《あんしん》させてあげよう。

Part《パート》 3

集《しゅう》中《ちゅう》力《りょく》&《アンド》モチベアップ！ 勉《べん》強《きょう》のコツ

もっと勉強《べんきょう》が得意《とくい》になるテクニック

ふだんの生活《せいかつ》で差《さ》をつけよう

ここまでは、効率的《こうりつてき》に勉強《べんきょう》するための準備《じゅんび》や、記憶《きおく》を定着《ていちゃく》させやすくする勉強法《べんきょうほう》、教科別《きょうかべつ》のおすすめ勉強法《べんきょうほう》を紹介《しょうかい》したね。

ここからは、勉強《べんきょう》にとり組《く》むモチベーションの高《たか》め方《かた》や、勉強《べんきょう》する環境《かんきょう》のととのえ方《かた》、やる気《き》がないときの対処法《たいしょほう》、テスト前《まえ》のすごし方《かた》などを紹介《しょうかい》するよ。

じつは、机《つくえ》に向《む》かっているとき以外《いがい》にも、勉強《べんきょう》の効率《こうりつ》をアップするテクニックがたくさんあるんだ。ぜひ覚《おぼ》えて、ふだんの生活《せいかつ》にとり入《い》れてみてね。

テクニック 1 「やりがいの魔《ま》法《ほう》」を使《つか》おう

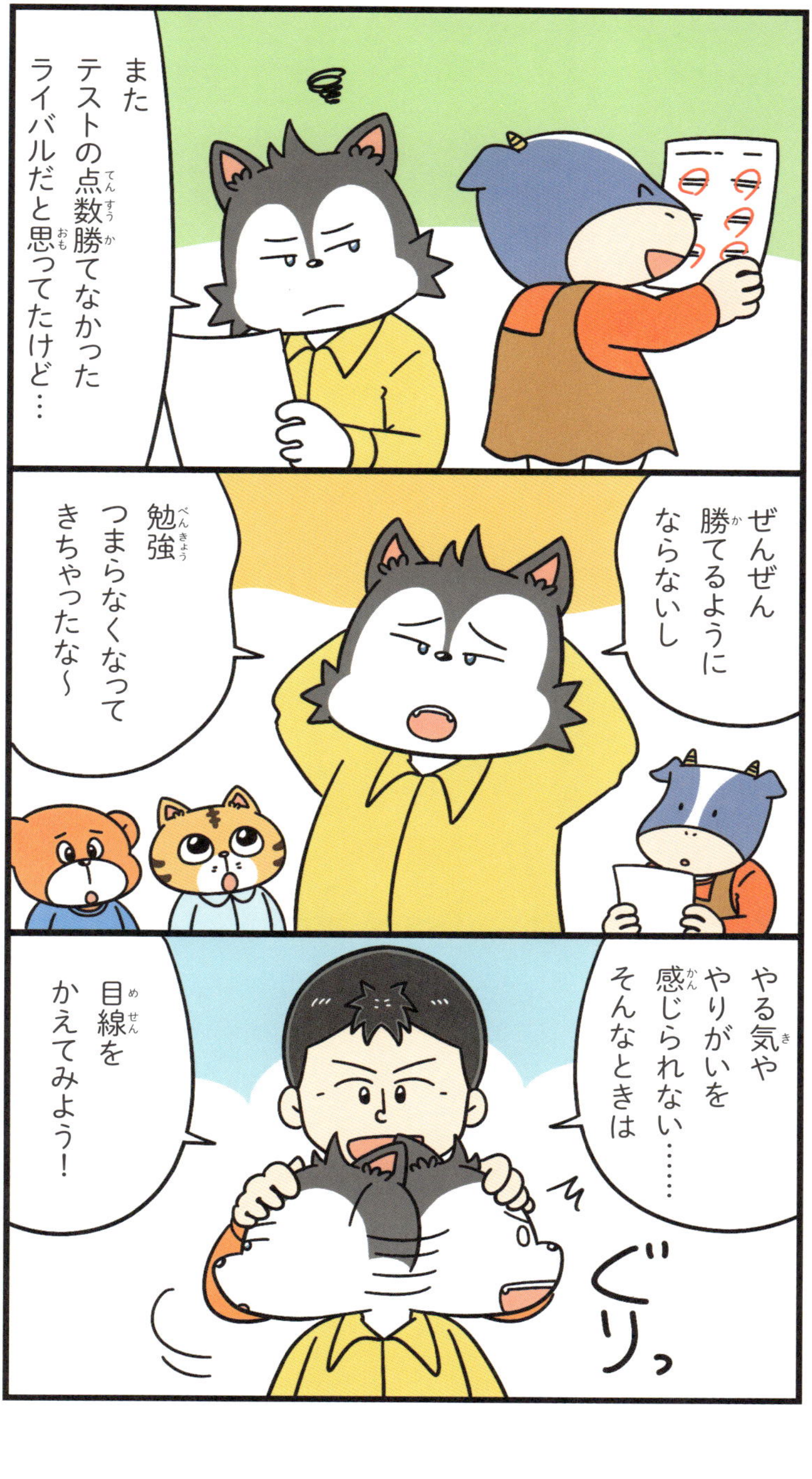

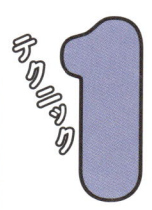

やりがいは「内《うち》」と「外《そと》」の2種類《しゅるい》ある

やる気《き》をもって勉強《べんきょう》にとり組《く》むには、「やりがい」が大切《たいせつ》だ。この本《ほん》の4つのタイプも、勉強《べんきょう》するとき何《なに》にやりがいを感《かん》じるかによって分《わ》かれているよ。

やりがいは、自分《じぶん》の内《うち》がわからわき出《で》るやる気《き》と、外《そと》から与《あた》えられるやる気《き》の2種類《しゅるい》がある。そして、内《うち》がわからわき出《で》るやる気《き》のほうが、長《なが》つづきしやすいといわれているよ。

勉強《べんきょう》に前向《まえむ》きにとり組《く》めるように、やりがいを持続《じぞく》させる方法《ほうほう》を見《み》ていこう！

● 新《あたら》しいことを知《し》る、成長《せいちょう》を感《かん》じるなど、自分《じぶん》のよろこびからうまれる「内《うち》からのやる気《き》」

● ごほうびをもらえる、ほめられるなど、外部《がいぶ》からの働《はたら》きかけでうまれる「外《そと》からのやる気《き》」

2つ以上《いじょう》のやりがいをもとう

ひとつだけしかやりがいをもっていないと、持続《じぞく》させるのはむずかしいんだ。たとえばプライドタイプのように「ほかの人《ひと》に勝《か》つ」というやりがいで勉強《べんきょう》していても、負《ま》けてしまうことはある。そんなとき、もうひとつやりがいがあれば、勉強《べんきょう》を続《つづ》けられるよね。

2つめのやりがいは
ほかのタイプの
やりがいを参考《さんこう》に
見《み》つけてみよう!

タイプ別《べつ》アドバイス

プライドタイプ

ほかの人《ひと》とくらべるのでなく、自分《じぶん》自身《じしん》の成長《せいちょう》に目《め》を向《む》けよう。今自分《いまじぶん》ができることや、感《かん》じる勉強《べんきょう》の楽《たの》しさを、過去《かこ》の自分《じぶん》と比較《ひかく》して、どれだけのびたかふり返《かえ》ってみよう！

アーティストタイプ

自分《じぶん》の興味《きょうみ》を追求《ついきゅう》するだけでなく、自分《じぶん》が楽《たの》しいと思《おも》っている教科《きょうか》や分《ぶん》野《や》に友《とも》だちを引《ひ》きこむつもりで、覚《おぼ》えたことや発見《はっけん》したことを教《おし》えてあげよう。

ワイワイタイプ

アーティストタイプのように、自分《じぶん》が熱中《ねっちゅう》できる教科《きょうか》や分野《ぶんや》を探《さが》して、そこに力《ちから》を集中《しゅうちゅう》してみよう。学習《がくしゅう》がおもしろくなってきたら、その楽《たの》しさを友《とも》だちに教《おし》えてあげてね！

コツコツタイプ

自分《じぶん》が興味《きょうみ》をもてる教科《きょうか》や分野《ぶんや》でいきづまったと感《かん》じたら、そこにこだわらず、ほかの分野《ぶんや》に目《め》を向《む》けてみよう。興味《きょうみ》をもてる分野《ぶんや》を見《み》つけて深《ふか》掘《ぼ》りしてみてね。

テクニック 2

集《しゅう》中《ちゅう》できる！学《がく》習《しゅう》机《づくえ》のつくり方《かた》

勉《べん》強《きょう》に集中《しゅうちゅう》できる学習机《がくしゅうづくえ》にしよう

どんなにやる気《き》があっても、学《がく》習環境《しゅうかんきょう》がととのっていないと、勉《べん》強《きょう》にすぐとり組《く》めなかったり集中《しゅうちゅう》できなかったりするよ。

学習机《がくしゅうづくえ》は、気《き》がちらないようにすっきりさせるのが鉄則《てっそく》！　勉強《べんきょう》に関係《かんけい》あるものだけを、机《つくえ》に置《お》くようにしよう。また、文房具《ぶんぼうぐ》やノート、教科書《きょうかしょ》、プリントなどの、勉強《べんきょう》に必要《ひつよう》なものは、置《お》き場所《ばしょ》を決《き》めておこう。必要《ひつよう》なときにサッととり出《だ》せるようにしておけば、勉強《べんきょう》のやる気《き》をそがれることがなくなるよ。

誘惑《ゆうわく》になるものは見《み》えないところへ！

スマートフォンやゲーム、マンガ、その日《ひ》にやる予定《よてい》のない教科《きょうか》の教科書《きょうかしょ》やドリルなどは、すべて見《み》えないところへ！　とくにスマートフォンやゲームは、目《め》に入《はい》るだけで集中力《しゅうちゅうりょく》を乱《みだ》す原因《げんいん》になるよ。できれば、勉強《べんきょう》する部屋《へや》とはちがう部屋《へや》に置《お》いておこう。

意志《いし》の力《ちから》で さわらないように するのは とっても むずかしいんだ

● **お茶《ちゃ》などの飲《の》みものを用意《ようい》しておくのはOK《オーケー》**

集中《しゅうちゅう》すると 水分《すいぶん》をとるのを 忘《わす》れちゃったり するもんね～

● **勉強《べんきょう》をはじめる「前《まえ》」に音楽《おんがく》をきいてやる気《き》を高《たか》めるのはOK《オーケー》**

勉強中《べんきょうちゅう》に音楽《おんがく》を 流《なが》すと効率《こうりつ》が 落《お》ちたりするんだって

すぐに勉強《べんきょう》にとりかかれる学習机《がくしゅうづくえ》のレイアウト

集中力《しゅうちゅうりょく》がアップする学習机《がくしゅうづくえ》のレイアウトを見《み》てみよう。

机《つくえ》をレイアウトするときは、机《つくえ》の上《うえ》や引《ひ》き出《だ》しにあるものを一度《いちど》、全部出《ぜんぶだ》そう。それから、よく使《つか》うもの、必要《ひつよう》なものを分《わ》けていく。それ以外《いがい》のものは勉強机《べんきょうづくえ》には置《お》かないよ。

このページを参考《さんこう》にして自分《じぶん》の学習机《がくしゅうづくえ》をレイアウトしてみよう

ペン立《た》てには最低限《さいていげん》のものを！

机《つくえ》の上《うえ》のペン立《た》てには、よく使《つか》うペンだけを入《い》れよう。たくさん入《い》れると、とり出《だ》すときに時間《じかん》のロスができてしまうよ。たまにしか使《つか》わないペンは、引《ひ》き出《だ》しにしまおう。

引《ひ》き出《だ》しは上《うえ》から順《じゅん》によく使《つか》うものをしまう

浅《あさ》い引《ひ》き出《だ》しにはこまごましているものを、大《おお》きなものや重《おも》いものは深《ふか》い引《ひ》き出《だ》しに入《い》れるよ。上《うえ》の引《ひ》き出《だ》しのほうがとり出《だ》しやすいので、よく使《つか》うものを入《い》れよう。

引《ひ》き出《だ》しはパンパンにしない

引《ひ》き出《だ》しの中身《なかみ》はどんどんふえていくものだから、パンパンにつめこまず、少《すこ》しスカスカしているくらいがベスト。一番下《いちばんした》の奥《おく》の方《ほう》はとり出《だ》しにくいから、あまり使《つか》わないものを入《い》れておこう。

机《つくえ》の上《うえ》は勉強《べんきょう》に関係《かんけい》するものだけを置《お》く

スマホやゲームなど、勉強《べんきょう》に関係《かんけい》ないものは机《つくえ》に置《お》かないようにしよう。充電《じゅうでん》ケーブルを机《つくえ》に置《お》いておくと、充電中《じゅうでんちゅう》のスマホが目《め》に入《はい》るから、ケーブルも手《て》が届《とど》かないところに置《お》いておこうね。

ファイルボックスを活用《かつよう》しよう

ファイルボックスを活用《かつよう》して、教科《きょうか》ごと、学《がっ》校《こう》や塾《じゅく》の宿題《しゅくだい》などで分類《ぶんるい》しておこう。ファイルボックスを色分《いろわ》けして、国語《こくご》は黄色《きいろ》、算数《さんすう》は緑《みどり》などとひと目《め》でわかるようにすると、必要《ひつよう》なときにサッととり出《だ》せるよ。

おなかの前《まえ》の引《ひ》き出《だ》しは空《から》に！

おなかの前《まえ》の浅《あさ》くて大《おお》きな引《ひ》き出《だ》しは空《から》にしておこう。「学校《がっこう》の宿題《しゅくだい》はいったんやめて、塾《じゅく》の宿題《しゅくだい》をやろう」など、勉強中《べんきょうちゅう》に整理《せいり》する場所《ばしょ》として使《つか》うのがおすすめだよ。

大《おお》きめのごみ箱《ばこ》を置《お》く

おかしのゴミやティッシュなど、小《ちい》さなごみを机《つくえ》に置《お》きっぱなしにすると、すぐごちゃごちゃしてしまうよ。近《ちか》くに大《おお》きめのごみ箱《ばこ》を置《お》いて、すぐに捨《す》てられるようにしよう！

ワイワイタイプ

やる気《き》を高《たか》めるには「リビング学《がく》習《しゅう》」がベスト！　勉強《べんきょう》している姿《すがた》をおうちの人《ひと》に見《み》ていてもらえるように、自室《じしつ》ではなくリビングで学習《がくしゅう》するんだ。リビングに、学習用《がくしゅうよう》のコーナーをつくってしまおう。

コツコツタイプ

自分《じぶん》の成長《せいちょう》や成果《せいか》が目《め》に見《み》えることが大切《たいせつ》なので、やることを書《か》きだした「TO DO《トゥー ドゥー》リスト」や、これまでの成《せい》績《せき》の変化《へんか》の一覧表《いちらんひょう》を目《め》に見《み》えるところにはっておくと、やる気《き》が出《で》るよ。

アーティストタイプ

好《す》きなことに引《ひ》っぱられやすいので、計画《けいかく》をしっかり立《た》てて、今日《きょう》やる最低限《さいていげん》のものだけを机《つくえ》に出《だ》しておこう。ほかのタイプ以上《いじょう》に、よけいなものは机《つくえ》の上《うえ》に出《だ》さないこと！

プライドタイプ

「打倒《だとう》○○！」など、目標《もくひょう》を紙《かみ》に書《か》いて、目《め》に見《み》える場所《ばしょ》にはっておこう。受験《じゅけん》をするなら、志望校《しぼうこう》の写真《しゃしん》をはって、合格《ごうかく》した自分《じぶん》を想像《そうぞう》しながら勉強《べんきょう》するのもおすすめだ。

テクニック3 勉強《べんきょう》に打《う》ちこめる環境《かんきょう》って？

周囲《しゅうい》の環境《かんきょう》をととのえよう

人間《にんげん》の脳《のう》には、「決断《けつだん》をする部《ぶ》分《ぶん》」と「感《かん》じたまま行動《こうどう》する部《ぶ》分《ぶん》」があるという研究《けんきゅう》があるよ。

つまり人間《にんげん》は、すべて自分《じぶん》で決《けつ》断《だん》をしていると思《おも》っていても、どうしてもまわりからの影響《えいきょう》を受《う》け、感《かん》じたままに行動《こうどう》しているということ！　意志《いし》の力《ちから》だけで、行動《こうどう》をかえるのはとてもむずかしいんだ。

だから、自分《じぶん》の行動《こうどう》を何《なん》とかしようとするのではなく、よい影響《えいきょう》を受《う》けられるように周囲《しゅうい》の環境《かんきょう》をととのえるほうが効率的《こうりつてき》で、高《たか》い効果《こうか》をえられるんだ。

勉強中《べんきょうちゅう》、スマホの電源《でんげん》は切《き》る！

「動画《どうが》を見《み》ながら勉強《べんきょう》している子《こ》たちは成績《せいせき》が悪《わる》い」、「SNS《エスエヌエス》の使用《しよう》時間《じかん》が長《なが》い子《こ》は成績《せいせき》が悪《わる》い」という研究結果《けんきゅうけっか》が出《で》ているんだ。

さらに、スマホを使《つか》わなくても、「通知《つうち》をオンにするだけで勉強《べんきょう》がはかどらなくなる」こともわかっているよ。

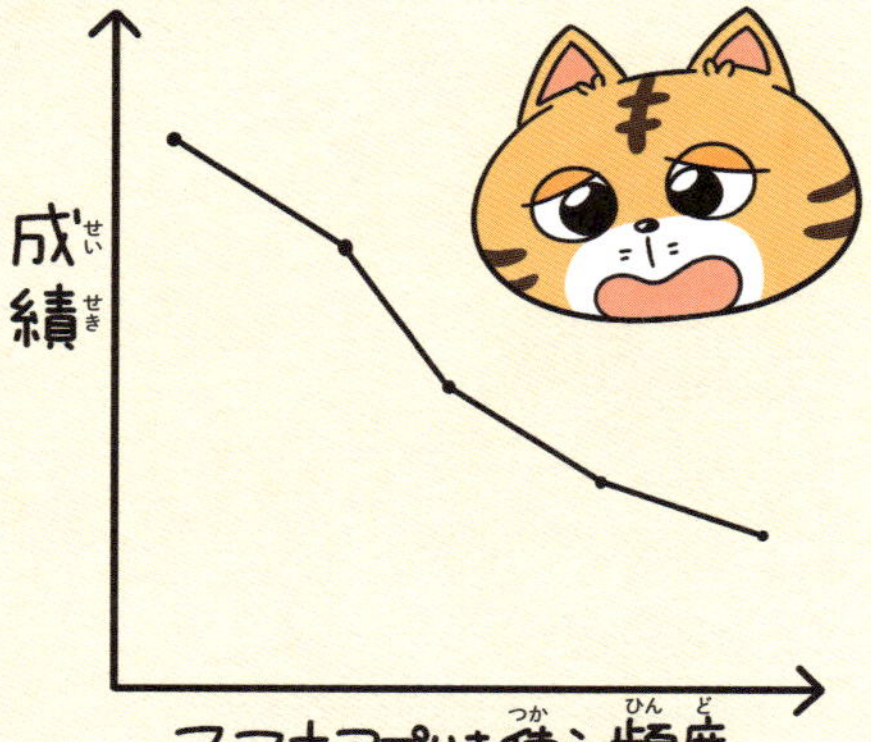

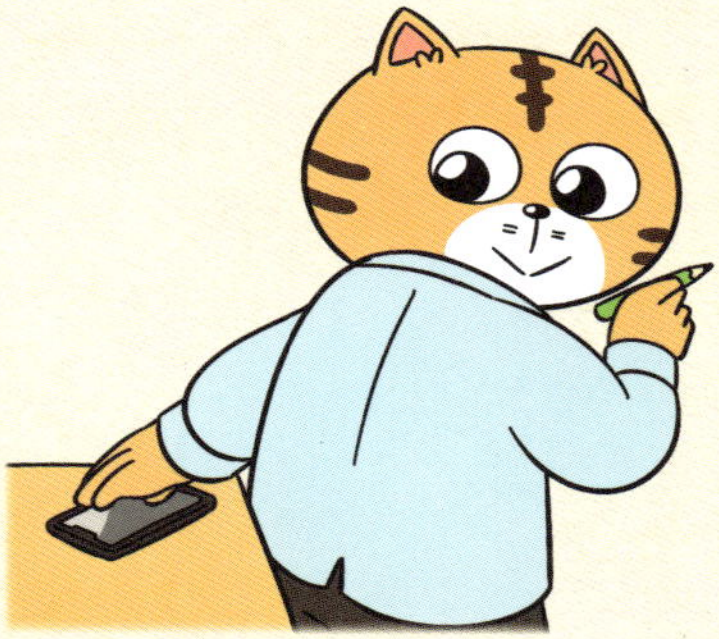

勉強中《べんきょうちゅう》はスマートフォンを見《み》ないと決《き》めていても、気分転換《きぶんてんかん》に動画《どうが》を見《み》たり、SNS《エスエヌエス》で返事《へんじ》をしたりするためにスマホを近《ちか》くに置《お》いておくという人《ひと》もいるかもしれないね。でも、これは絶対《ぜったい》にやめたほうがいい。スマホは電源《でんげん》を切《き》るか、手《て》が届《とど》かない別《べつ》の部屋《へや》などに置《お》こう！

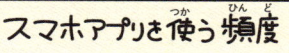

集中力《しゅうちゅうりょく》は伝染《でんせん》するもの！

家《いえ》だと誘惑《ゆうわく》が多《おお》くて集中《しゅうちゅう》できないという人《ひと》は、場所《ばしょ》をかえるのも効果的《こうかてき》だね。

意志《いし》の力《ちから》にはどうしても限界《げんかい》があるから、集中《しゅうちゅう》しにくい場所《ばしょ》でがんばりつづけるより、時間《じかん》がかかっても場所《ばしょ》を移動《いどう》したほうがよいケースもあるんだ。

学習《がくしゅう》に適《てき》しているのは、図書館《としょかん》や塾《じゅく》の自習室《じしゅうしつ》など、ほかに集中《しゅうちゅう》して勉強《べんきょう》している人《ひと》が多《おお》い場所《ばしょ》だ。

イライラや楽《たの》しい気《き》もちが伝染《でんせん》するように、「集中力《しゅうちゅうりょく》」もまわりに感染《かんせん》することがわかっているんだ。そんな場所《ばしょ》なら、無意識《むいしき》に自分《じぶん》の集中力《しゅうちゅうりょく》も高《たか》まるものだよ。

家《いえ》のなかで場所《ばしょ》をかえるのも効果《こうか》アリ

早朝《そうちょう》や夜《よる》など、外出《がいしゅつ》するのがむずかしい場合《ばあい》は、家《いえ》のなかで勉強《べんきょう》場所《ばしょ》をかえるのも効果的《こうかてき》だよ。

自室《じしつ》で勉強《べんきょう》していたならリビングにいったり、おうちの人《ひと》の部屋《へや》をかりたりしてもいいね。立《た》って勉強《べんきょう》するなど、姿勢《しせい》をかえるのもおすすめだ。

コツコツタイプ

成果《せいか》はわかりやすくしておく

勉強場所《べんきょうばしょ》はどこであっても集中《しゅうちゅう》できそう。自分《じぶん》の成長《せいちょう》や成果《せいか》がやりがいにつながるタイプだから、どこで勉強《べんきょう》するにしても、やることを明確《めいかく》にして、家《いえ》の外《そと》でも、やるべきことがどれだけ終《お》えられたかを見《み》えるようにしておこう。

アーティストタイプ

苦手教科《にがてきょうか》は外《そと》でやるのも◎

好奇心《こうきしん》で勉強《べんきょう》にとり組《く》むタイプだから、場所《ばしょ》はどこであっても集中《しゅうちゅう》できるよ。ただし、苦手教科《にがてきょうか》の勉強《べんきょう》をする日《ひ》は、外出《がいしゅつ》するのも手《て》。勉強《べんきょう》する教科《きょうか》の教科書《きょうかしょ》やノートだけをもって出《で》かければ、気《き》がちったり、ほかの教科《きょうか》を意識《いしき》せずに集中《しゅうちゅう》できるよ。

プライドタイプ

塾《じゅく》の自《じ》習《しゅう》室《しつ》がおすすめ！

　ライバルの存在《そんざい》を感《かん》じると燃《も》えるタイプだから、ほかに勉強《べんきょう》している人《ひと》が多《おお》い塾《じゅく》の自習室《じしゅうしつ》がおすすめ。「負《ま》けないぞ！」と勉強《べんきょう》をはじめて、そのうちに集中力《しゅうちゅうりょく》も高《たか》まっていくはず。これから塾《じゅく》をえらぶなら、自習設備《じしゅうせつび》がととのっているかもポイントになるね。

ワイワイタイプ

勉《べん》強《きょう》時《じ》間《かん》はメリハリをつけて

　友《とも》だちの家《いえ》で勉強《べんきょう》しようと集《あつ》まって、ついおしゃべりしたり、集《しゅう》中《ちゅう》できなかったりしていないかな？　勉強時間《べんきょうじかん》と休《きゅう》けいのメリハリをしっかりつける習慣《しゅうかん》をつけよう。タイマーをセットして、「今《いま》から勉強《べんきょう》！」と切《き》りかえられるようにするのがおすすめだよ。

テクニック 4 睡眠《すいみん》・運動《うんどう》・食事《しょくじ》で記憶力《きおくりょく》アップ！

睡眠《すいみん》をとることで記憶《きおく》に定着《ていちゃく》する

夜《よ》ふかししてでも、長時間勉強《ちょうじかんべんきょう》したほうがよいと考《かんが》えている人《ひと》もいるかもしれないけど、これは完《かん》全《ぜん》にまちがい！「勉強《べんきょう》と睡眠《すいみん》はセット」というくらい、とても大《だい》事《じ》なものなんだ。

目安《めやす》として、低学年《ていがくねん》なら1日《にち》10時間《じかん》、高学年《こうがくねん》でも1日《にち》9時間《じかん》眠《ねむ》るのを目《め》ざそう！

がんばりたい気《き》もちはわかるけど逆効果《ぎゃくこうか》なんだ

睡眠中《すいみんちゅう》に学習《がくしゅう》している

勉強《べんきょう》して頭《あたま》にインプットした知識《ちしき》は、記憶《きおく》の倉庫《そうこ》にしっかり定着《ていちゃく》させなければ、すぐに忘《わす》れてしまう。知識《ちしき》の定着《ていちゃく》は、睡眠中《すいみんちゅう》に進《すす》むと考《かんが》えられているよ。

睡眠《すいみん》の深《ふか》さによって、知識《ちしき》の定着《ていちゃく》が進《すす》むとき、楽器《がっき》の演奏《えんそう》や絵《え》の技術《ぎじゅつ》などの習得《しゅうとく》が進《すす》むとき、論理的《ろんりてき》な思考《しこう》の習得《しゅうとく》が進《すす》むときに分《わ》かれるといわれているよ。睡眠《すいみん》をとる、とらないで、テストの結果《けっか》が20～40％《パーセント》もかわるというデータもあるくらいなんだ。

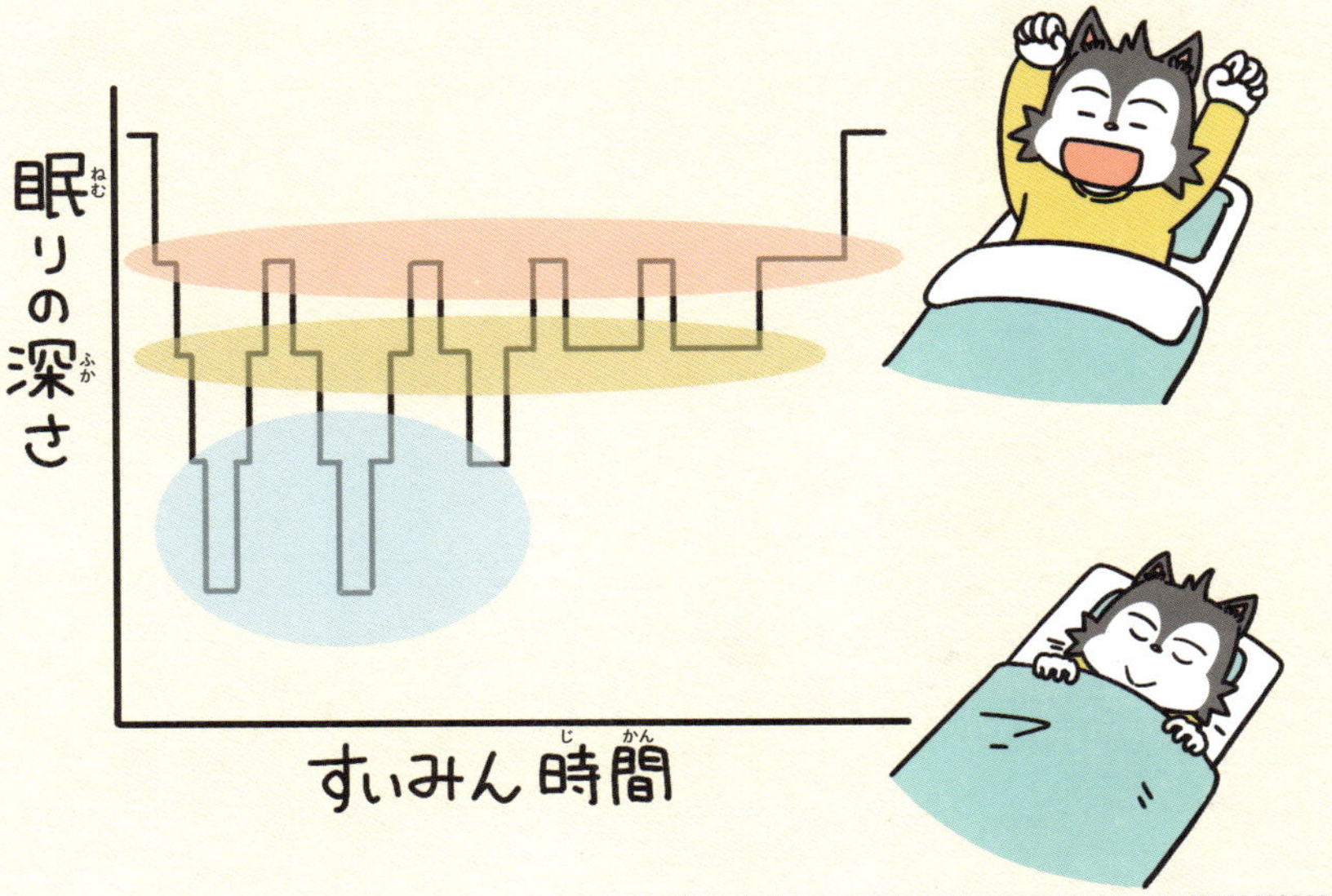
眠《ねむ》りの深《ふか》さ
すいみん時間《じかん》

「寝起《ねお》きテスト」で学習《がくしゅう》の効果《こうか》を高《たか》めよう

学習効果《がくしゅうこうか》を高《たか》めるおすすめの方法《ほう》は、「寝起《ねお》きテスト」だ。テストの問題《もんだい》を解《と》くことは、アウトプットにもなるから、睡眠《すいみん》で定着《ていちゃく》した記憶《きおく》をより深《ふか》く脳《のう》にきざむことができると考《かんが》えられているよ。

寝起《ねお》きテストは、よい点《てん》がとれたら何《なに》かごほうびを用意《ようい》する、というルールでやってみよう。人間《にんげん》は、「覚《おぼ》えたほうがよいこと」をしっかり残《のこ》そうとするもの。ごほうびを用意《ようい》することで、寝《ね》ているあいだの記憶《きおく》の定着《ていちゃく》がより進《すす》むことがわかっているんだ。

とけたら
ハチミツたくさん
ぬっていい♪

昼寝《ひるね》のあとに
テストをする
と決《き》めておくのも
いいね！

昼寝《ひるね》をうまく活用《かつよう》しよう

あるていどまとまった睡眠時間《すいみんじかん》をとった方《ほう》がよいのはたしかだけど、短時間《たんじかん》の「昼寝《ひるね》」にも、記憶《きおく》を定着《ていちゃく》させる効果《こうか》があるよ。

勉強中《べんきょうちゅう》、つかれてしまったり、集中力《しゅうちゅうりょく》がとぎれてしまったら、思《おも》いきって10分《ぷん》でも昼寝《ひるね》をしよう。寝《ね》ているあいだに、脳《のう》で情報《じょうほう》が整理《せいり》されるよ。

勉強《べんきょう》の合間《あいま》に運動《うんどう》をしよう

　集中力《しゅうちゅうりょく》が大事《だいじ》なのはわかっているけど、ずっと集中《しゅうちゅう》して勉強《べんきょう》しつづけるのはむずかしいよね。

　集中力《しゅうちゅうりょく》を維持《いじ》するポイントは、勉強《べんきょう》の合間《あいま》に軽《かる》く運動《うんどう》をすること！　運動《うんどう》によって、集中力《しゅうちゅうりょく》が高《たか》まることがわかっているよ。体《からだ》を動《うご》かすことで脳《のう》に血液《けつえき》が送《おく》りこまれ、酸素《さんそ》がいきわたるからだといわれているんだ。

　運動《うんどう》は5分《ふん》ほどでOK《オーケー》！　学《まな》んだことが記憶《きおく》に定着《ていちゃく》しやすくなるから、少《すこ》し時間《じかん》をかけても、運動《うんどう》を勉強中《べんきょうちゅう》の習慣《しゅうかん》にしよう。

やる気《き》と集中力《しゅうちゅうりょく》UP《アップ》！

体《からだ》を動《うご》かすと気《き》もちも切《き》りかわっていいかも～！

運動《うんどう》はこまめにするのがポイント

　勉強《べんきょう》の前《まえ》に30分間《ぷんかん》、一気《いっき》に運動《うんどう》するより、1時間《じかん》ごとに5分《ふん》ずつの運動《うんどう》を6回《かい》する方《ほう》が、やる気《き》をキープできるという実験結果《じっけんけっか》があるんだ。

　そのため運動《うんどう》は、30分《ぷん》おきにこまめにおこなうのがベスト。集中《しゅうちゅう》できるし、つかれにくくなるよ。

食事《しょくじ》で脳《のう》も健康《けんこう》にしよう

食事《しょくじ》は体《からだ》だけでなく、脳《のう》の健康《けんこう》にも大《おお》きく影響《えいきょう》することがわかっているんだ。

たとえば、肉《にく》や魚《さかな》、卵《たまご》、大豆製《だいずせい》品《ひん》などにふくまれるたんぱく質《しつ》が不足《ふそく》すると、脳《のう》や体《からだ》の成長《せいちょう》に悪影《あくえい》響《きょう》をおよぼしてしまう。また、ミネラルが不足《ふそく》すると、体《からだ》と脳《のう》の伝《でん》達《たつ》がうまくいかなくなることもあるんだ。

1日《にち》3食《しょく》、バランスのよい食事《しょくじ》をとれば、集中力《しゅうちゅうりょく》と記憶力《きおくりょく》を高《たか》めることができるよ。

一方《いっぽう》、スナック菓子《がし》にふくまれる油や、スイーツにふくまれる砂《さ》糖《とう》のとりすぎは、集中力《しゅうちゅうりょく》を低下《ていか》させることがわかっている。ひかえめを心《こころ》がけよう。

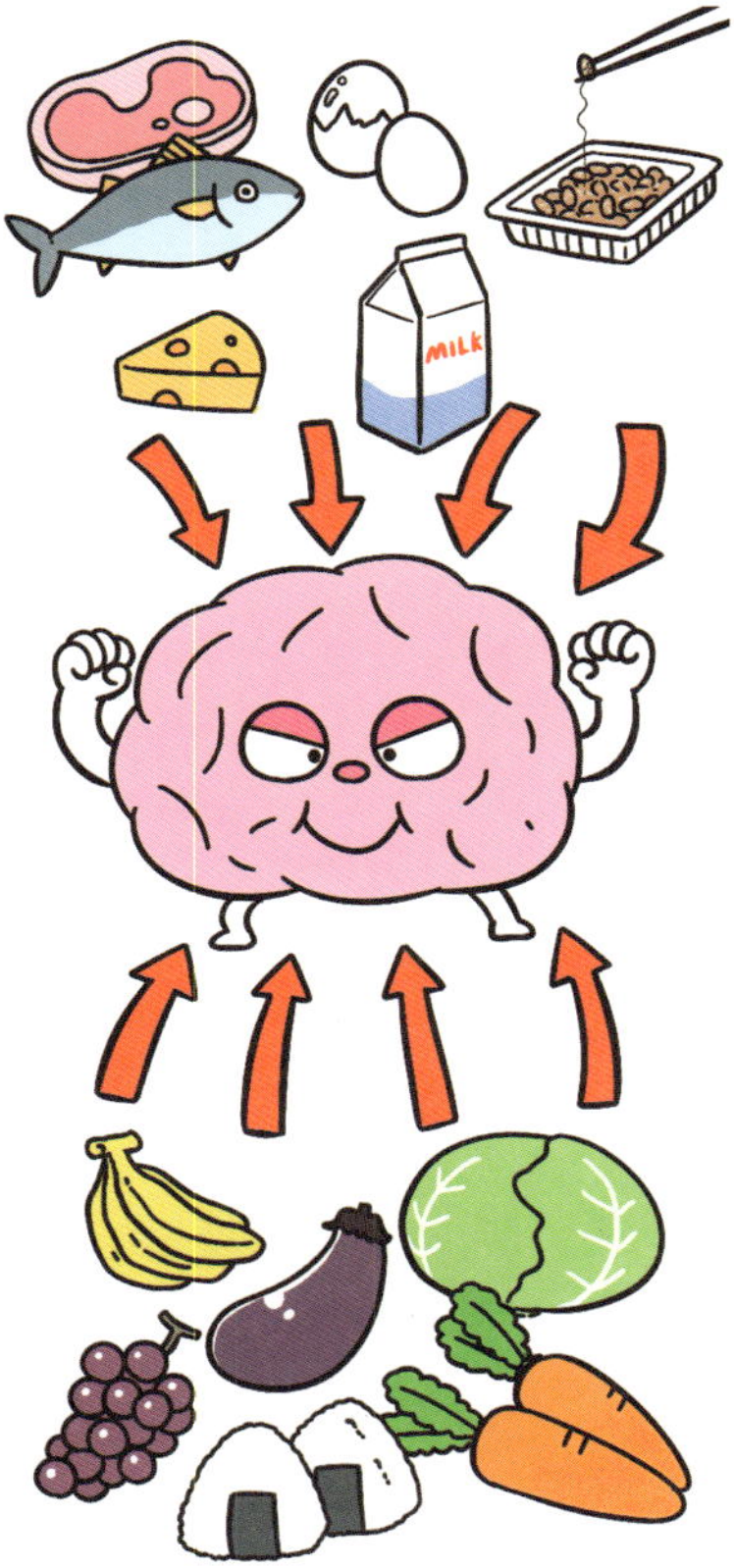

毎朝《まいあさ》かならず朝食《ちょうしょく》をとろう

3食《しょく》のなかでとくに大事《だいじ》なのが、朝食《ちょうしょく》。文部科学省《もんぶかがくしょう》が小学《しょうがく》6年生《ねんせい》に実施《じっし》した「全国学力《ぜんこくがくりょく》・学習状況調《がくしゅうじょうきょうちょう》査《さ》」では、毎日朝食《まいにちちょうしょく》を食《た》べている人《ひと》と、まったく食《た》べていない人《ひと》では、算数《さんすう》で16・5%《パーセント》、国語《こくご》ではなんと20・3%《パーセント》も正解率《せいかいりつ》が開《ひら》いてしまったんだ。

少《すこ》しでもよいので、毎朝《まいあさ》かならず朝食《ちょうしょく》をとるようにしよう。

次《つぎ》のページでは勉強《べんきょう》の攻略《こうりゃく》に役立《やくだ》つおすすめの食材《しょくざい》を紹介《しょうかい》するよ！

積極的《せっきょくてき》に食《た》べたい食材《しょくざい》

魚《さかな》

たんぱく質《しつ》が豊富《ほうふ》にふくまれるよ。なかでも、サンマやイワシ、サバなどの青魚《あおざかな》にふくまれるDHA《ディーエイチエー》とEPA《イーピーエー》には、脳《のう》の働《はたら》きをうながし、記憶力《きおくりょく》を向上《こうじょう》させる働《はたら》きがあるんだ。

肉《にく》

肉《にく》も、たんぱく質《しつ》がとても多《おお》い食材《しょくざい》だ。とり肉《にく》、豚肉《ぶたにく》、牛《ぎゅう》肉《にく》など、それぞれちがった栄養素《えいようそ》をふくむので、いろいろな肉《にく》をバランスよく食《た》べるのがおすすめだ。

大豆《だいず》

「畑《はたけ》の肉《にく》」とよばれるほど、たんぱく質《しつ》が豊富《ほうふ》。さらに、記《き》憶力《おくりょく》を高《たか》めるレシチンという栄養素《えいようそ》もふくまれている。豆《とう》腐《ふ》や豆乳《とうにゅう》、納豆《なっとう》などを積極的《せっきょくてき》にとろう！

卵《たまご》

たんぱく質《しつ》を豊富《ほうふ》にふくむほか、DHA《ディーエイチエー》やEPA《イーピーエー》もふくまれているんだ。ほかにも、脳《のう》によい働《はたら》きをもたらす栄養素《えいようそ》がたくさんふくまれるから、1日《にち》1個《こ》は食《た》べよう！

えごま油《あぶら》やあまに油《ゆ》

これらの油《あぶら》には、オメガ3《スリー》脂肪酸《しぼうさん》という栄養素《えいようそ》が豊富《ほうふ》にふくまれている。オメガ3《スリー》脂肪酸《しぼうさん》は、脳《のう》や体《からだ》の修復《しゅうふく》、記憶力《きおくりょく》の向上《こうじょう》、気分《きぶん》の落《お》ちこみの改善《かいぜん》などに効果《こうか》を発揮《はっき》するよ。

バナナ

脳《のう》の働《はたら》きを活性化《かっせいか》させ、疲労回復《ひろうかいふく》にも役立《やくだ》つビタミンB《ビー》群《ぐん》を豊富《ほうふ》にふくむよ。片手《かたて》でサッと食《た》べられるから、朝《ちょう》食《しょく》やおやつにもおすすめの食材《しょくざい》だ。

テクニック 5

「やりたくない」と向《む》きあおう

「やりたくない」の理由《りゆう》を言語化《げんごか》してみよう

いくら効率《こうりつ》のよい勉強法《べんきょうほう》を身《み》につけても、「勉強《べんきょう》したくない！」と思《おも》う瞬間《しゅんかん》はだれにでもおとずれるもの。

そんなときは、落《お》ちついて、「自分《じぶん》はどうして勉強《べんきょう》をしたくないのか？」と考《かんが》えてみよう。勉強《べんきょう》してもわからないから？　おうちの人《ひと》に「やりなさい」っていわれるのがいやだから？

「やりたくない」にはいろいろな理由《りゆう》がかくれているから、まずは、自分《じぶん》の気《き》もちとむき合《あ》って、その理由《りゆう》を探《さぐ》ってみよう！

「やりたくない」のはどうして？

ぜんぜん解《と》けないのにテストを受《う》けなきゃいけないから
ほかにやりたいことがあって勉強《べんきょう》してる時間《じかん》がもったいないから！
だれかに「やりなさい」っていわれるのがきらいだから！
やってもやっても自分《じぶん》が思《おも》ったほど成績《せいせき》がのびないから～

「無理《むり》やりがんばる」だけでは続《つづ》けられない

　勉強《べんきょう》がいやになったとき、「今日《きょう》はやめた！」となげ出《だ》す人《ひと》もいれば、「無理《むり》にでもがんばろう」と勉強《べんきょう》をつづける人《ひと》もいるよね。先《さき》のばしにしても、もっといやな気《き》もちになる未来《みらい》がまっているし、ずっと無理《むり》は続《つづ》けられない。それよりも、いやな気《き》もちをコントロールすることが大切《たいせつ》だ。

　おすすめは、自分《じぶん》にやさしい言《こと》葉《ば》をかける方法《ほうほう》。「苦手《にがて》な算数《さんすう》をがんばってる自分《じぶん》ってえらいな」、「30分《ぷん》も集中《しゅうちゅう》してすごい！」と声《こえ》をかけるうちに、いやな気《き》もちを落《お》ちつかせることができるんだ。

そうだ
がんばってるよね

“自分《じぶん》”で決《き》めてとり組《く》もう

やる気《き》というものは、人《ひと》にいわれて何《なに》かをはじめるときより、自分《じぶん》で決《き》めてはじめるときの方《ほう》がわき出《で》るもの。「勉強《べんきょう》をやりたくない」と思《おも》う理由《りゆう》のひとつに、「やりなさい、と命令《めいれい》されるのがいやだ」というものがあるよね。実際《じっさい》に、おうちの人《ひと》に「勉強《べんきょう》しなさい!」といわれた瞬間《しゅんかん》、やる気《き》がなくなった経験《けいけん》がある人《ひと》も多《おお》いんじゃないかな?

そんなケースをさけるためにも、勉強計画《べんきょうけいかく》は、自分《じぶん》で立《た》てよう。どんな計画《けいかく》にするかは先生《せんせい》やおうちの人《ひと》に相談《そうだん》してもいいけど、大切《たいせつ》なのは「この計画《けいかく》をやりとげるって自分《じぶん》で決《き》めた」という意識《いしき》をもつこと。

自分《じぶん》でおうちの人《ひと》に計画《けいかく》を伝《つた》えたうえで、「自分《じぶん》で決《き》めているから見守《みまも》っていて」と伝《つた》えられるといいね。自分《じぶん》で立《た》てた勉強計画《べんきょうけいかく》をしっかりこなせると、自信《じしん》ややる気《き》につながるよ!

けいかく

少《すこ》しやさしい問題《もんだい》を解《と》こう

解《と》けない問題《もんだい》が多《おお》くなったり、勉強《べんきょう》しても理解《りかい》できなかったりすると、やる気《き》が失《うしな》われがち。

そんなときは、一度《いちど》、今《いま》とり組《く》んでいる問題集《もんだいしゅう》をやめて、少《すこ》しかんたんな問題《もんだい》を解《と》くのも手《て》だよ。気分《きぶん》がかわるし、難易度《なんいど》をさげることで、引《ひ》っかかっている問題《もんだい》のヒントが見《み》つかることもあるんだ。

かんたんな問題《もんだい》を解《と》きなおすことで基礎《きそ》を再確認《さいかくにん》することもできるね!

テクニック 6

点《てん》数《すう》アップ！テスト前《まえ》のすごし方《かた》

明日《あした》はいよいよ実力《じつりょく》テスト！計画通《けいかくどお》りにがんばってきたと思《おも》うけど……
ウロウロ
やりのこしたことがあるような気《き》がしてきちゃった～
明日《あした》ちゃんとおきられなかったらどうしよう
ソワソワ
そうだ！明日《あした》の朝《あさ》まで見《み》おとしがないかチェックしよう！

テスト前《まえ》も分散学習《ぶんさんがくしゅう》が大切《たいせつ》！

一気《いっき》に覚《おぼ》えたことは、一気《いっき》に忘《わす》れてしまうということは、「分散《ぶんさん》学習《がくしゅう》」のところで紹介《しょうかい》した通《とお》り。テスト前《まえ》であっても、基本的《きほんてき》には分散学習《ぶんさんがくしゅう》を心《こころ》がけよう。

テスト前《まえ》の
つめこみ学習《がくしゅう》は
一回《いっかい》のテストで
いい点《てん》をとることはできても
実力《じつりょく》にはならないよ
中学《ちゅうがく》、高校《こうこう》と進学《しんがく》していく中《なか》で
かならずつまずいてしまうんだ
今《いま》から「分散学習《ぶんさんがくしゅう》」の
くせをつけよう！

テストにむけた勉強《べんきょう》は、2～7日《か》くらい前《まえ》からはじめるのが基本《きほん》。日《ひ》にちはテストの規模《きぼ》にもよるから、下《した》の目安《めやす》を参考《さんこう》にしよう。

みんなが日々《ひび》努力《どりょく》している勉強《べんきょう》は、一回《いっかい》のテストでよい点《てん》をとれれば成功《せいこう》、というわけではないはずだ。目先《めさき》のテストをのりきるだけではなく、この先《さき》もずっと忘《わす》れないための勉強法《べんきょうほう》を選択《せんたく》しよう。

ケース別《べつ》 分散学習《ぶんさんがくしゅう》のやり方《かた》

塾《じゅく》で毎週《まいしゅう》おこなう小《しょう》テストや学校《がっこう》のテストなら、テストの2～3日前《にちまえ》くらいから準備《じゅんび》しよう。中学生《ちゅうがくせい》になると、試《し》験範囲《けんはんい》がもっと広《ひろ》い「定期《ていき》テスト」がおこなわれるよ。定《てい》期《き》テストの場合《ばあい》は、テストの1～2週間前《しゅうかんまえ》までにひと通《とお》り勉強《べんきょう》を終《お》わらせ、直前《ちょくぜん》に復習《ふくしゅう》するのがベスト。

テストの
出題範囲《しゅつだいはんい》によって
ふり返《かえ》りをはじめる
タイミングをかえるんだね

テスト前日《ぜんじつ》は コンディションを ととのえよう

テスト前日《ぜんじつ》、結果《けっか》を出《だ》せるか不安《ふあん》になって「最後《さいご》のひとがんばり」をするのは、あまり効果《こうか》を期待《きたい》できない。当日《とうじつ》に実力《じつりょく》を発揮《はっき》できるよう、脳《のう》と体《からだ》のコンディションをととのえることに集中《しゅうちゅう》する方《ほう》がいいね。

いちばんマズいのは睡眠不足《すいみんぶそく》になること。消化《しょうか》によいものを食《た》べて、ぬるめのおふろでゆっくりあたたまり、しっかり睡眠《すいみん》をとろう。どうしても不安《ふあん》がのこる場合《ばあい》は、寝《ね》る前《まえ》の30分《ぷん》で暗記問題《あんきもんだい》だけ確認《かくにん》しておけばいいね。

準備《じゅんび》ばんたん!

せっかく
がんばって
きたんだから
ベストをつくそう!

テスト直前《ちょくぜん》の不安《ふあん》とむき合《あ》おう

テスト直前《ちょくぜん》になると、緊張《きんちょう》して頭《あたま》がまっ白《しろ》になってしまう人《ひと》もいるかもしれないね。頭《あたま》が不安《ふあん》でいっぱいになると、脳《のう》が「何《なに》か危険《きけん》なのかも!?」と判断《はんだん》して、冷静《れいせい》な判断《はんだん》力《りょく》が失《うしな》われることがあるんだ。何《なに》が不安《ふあん》なのか紙《かみ》に書《か》きだしたり、おうちの人《ひと》や信頼《しんらい》できる友《とも》だちに相談《そうだん》したりして、不安《ふあん》とむき合《あ》ってからテストにいどもう。

タイプ別《べつ》アドバイス

コツコツタイプ

これまでコツコツつみあげてきた成果《せいか》を確認《かくにん》することで、自信《じしん》をもってテストにのぞめそう。これまで解《と》いたドリルや教科書《きょうかしょ》、ノートなどを見返《みかえ》して、自分《じぶん》のがんばりを思《おも》いかえしてみよう。

プライドタイプ

ライバルを意識《いしき》しすぎると、緊張《きんちょう》してしまったり、力《ちから》が入《はい》りすぎてしまったりするかも。体操《たいそう》で体《からだ》をほぐすなどしてリラックスし、平常心《へいじょうしん》を心《こころ》がけよう。

ワイワイタイプ

テスト前《まえ》に、みんなと勉強《べんきょう》できる日《ひ》はあるかな？　モチベーションが高《たか》い子《こ》といっしょにテスト勉強《べんきょう》をすれば、やる気《き》を分《わ》けてもらえるはず！

アーティストタイプ

得意教科《とくいきょうか》は「満点《まんてん》をとる！」くらいのチャレンジをするイメージでのぞもう。苦手教科《にがてきょうか》は過去《かこ》のテストやドリルで、まちがったところを見返《みかえ》しておくのがいいね。

COLUMN《コラム》 3

勉強《べんきょう》のジャマになるごほうびに注意《ちゅうい》

おうちの人《ひと》からもらう「ごほうび」の、落《お》とし穴《あな》に気《き》をつけて！ このページは、おうちの人《ひと》にも見《み》てもらおう。

大《おお》きなごほうびは「ふだんできない体験《たいけん》」が◎

おうちの人《ひと》から「次《つぎ》のテストでよい点《てん》をとれたら○○を買《か》ってあげる」といわれれば、もちろんがんばるよね。でも、もらう「ごほうび」しだいでは、その後《ご》の勉強攻略《べんきょうこうりゃく》が大失敗《だいしっぱい》に終《お》わることもあるんだ。

もっとも多《おお》い失敗《しっぱい》が、ゲーム機《き》やスマートフォンを買《か》ってもらって、勉強時間《べんきょうじかん》がガクッとへってしまうというもの。どんなに意志《いし》が強《つよ》い人《ひと》でも、これをふせぐのはむずかしい。ごほうびは、「いきたくても自分《じぶん》ひとりではいけない場所《ばしょ》に遊《あそ》びにいく」など、ふだんなかなかできない「体験《たいけん》」をリクエストしよう。

勉《べん》強《きょう》いろいろQ《キュー》&《アンド》A《エー》

Part《パート》 4

勉強《べんきょう》にまつわる Q《キュー》&《アンド》A《エー》

勉強《べんきょう》になやみは
つきもの!?
いろいろな質問《しつもん》に
答《こた》えていくよ！

Q《キュー》 どうしても好《す》きになれない教科《きょうか》がある……

A《エー》 自分《じぶん》へのごほうびを用意《ようい》しよう

攻略法《こうりゃくほう》をためしても、どうしても好《す》きになれない教科《きょうか》は出《で》てくるかも。無理《むり》にがんばっても、苦手意識《にがていしき》が強《つよ》くなるばかりだから、自分《じぶん》に対《たい》してちょっとしたごほうびを用意《ようい》してモチベーションを高《たか》めよう！

ごほうびは、「〇ページ解《と》けたらアイスを食《た》べる」など、小《ちい》さなものをたくさん用意《ようい》するのが◎。おうちの人《ひと》に用意《ようい》してもらうのではなく、自分《じぶん》で用意《ようい》するのがポイントだよ！

どうして
自分《じぶん》で用意《ようい》
しなきゃ
いけないの？

自分《じぶん》のやる気《き》は
自分《じぶん》でコントロール
するのが大切《たいせつ》なんだ
ごほうびも その
ひとつってわけ！

タイプ別《べつ》アドバイス

コツコツタイプ

成長《せいちょう》でモチベーションを高《たか》めるタイプだから、「苦手《にがて》なままなのにごほうびなんて！」と考《かんが》えてしまいがち。自分《じぶん》にきびしくなりすぎずに、がんばりに対《たい》するごほうびを用意《ようい》しよう。

ワイワイタイプ

友《とも》だちと自分《じぶん》の得意教科《とくいきょうか》、苦手教科《にがてきょうか》がちがうなら、教《おし》えあうのがいちばん！　ごほうび方式《ほうしき》も友《とも》だちと共有《きょうゆう》して、おたがいにはげましあいながらとり組《く》もう！

アーティストタイプ

苦手教科《にがてきょうか》がはっきりしているだけに、ごほうびが効果《こうか》を発揮《はっき》しやすいタイプ。何回《なんかい》かに一度《いちど》は少《すこ》しぜいたくなごほうびにするなど、メリハリをつけてみよう。

プライドタイプ

「○○に勝《か》てたら、ごほうび」など、ついつい大《おお》きな目標《もくひょう》を立《た》ててしまうかも。毎日少《まいにちすこ》しだけとり組《く》んで小《ちい》さなごほうびを手《て》にする、というように「細《こま》かくごほうび」を意識《いしき》しよう。

Q《キュー》 むずかしい問題《もんだい》でつまって先《さき》に進《すす》めない……

A《エー》 飛《と》ばして次《つぎ》の日《ひ》にチャレンジしよう！

なかなか解《と》けない問題《もんだい》にぶつかったとき、なんとかして解《と》こうとねばる人《ひと》も多《おお》いんじゃないかな？　そんなときは、飛《と》ばしてしまって次《つぎ》の日《ひ》にチャレンジしよう。

人《ひと》の脳《のう》は、終《お》わっていない課題《かだい》を考《かんが》えつづける性質《せいしつ》がある。時間《じかん》をおくあいだも脳《のう》は無《む》意識《いしき》に解決法《かいけつほう》を考《かんが》えているから、次《つぎ》の日《ひ》に再《さい》チャレンジすると、無意識《むいしき》の解決法《かいけつほう》がうまくはたらいて、すんなり解《と》けたりするんだ。

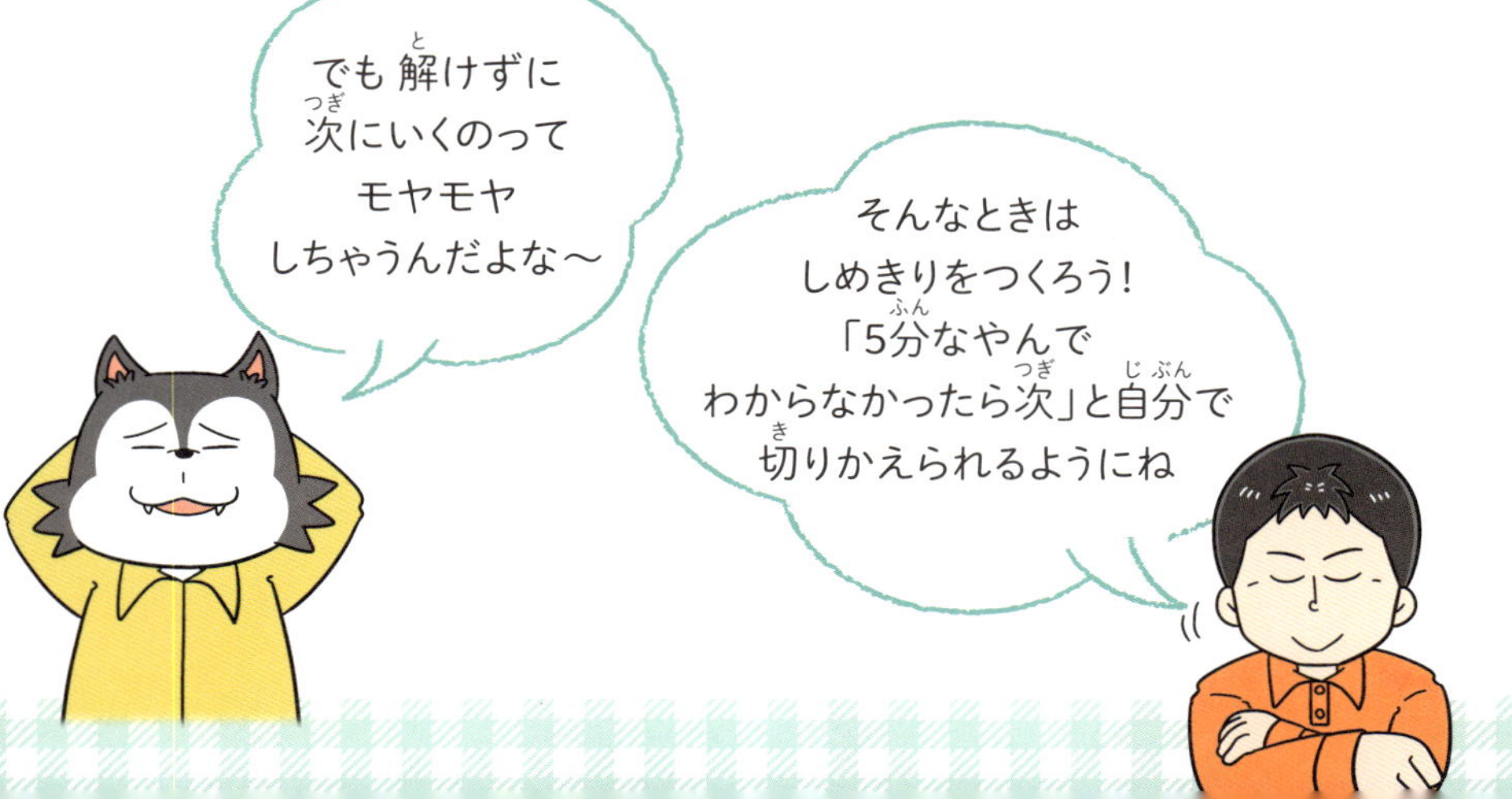
でも 解《と》けずに次《つぎ》にいくのってモヤモヤしちゃうんだよな～
そんなときはしめきりをつくろう！「5分《ふん》なやんでわからなかったら次《つぎ》」と自分《じぶん》で切《き》りかえられるようにね

Q《キュー》

問《もん》題《だい》集《しゅう》の答《こた》え合《あ》わせはどのタイミングでするのがいい？

A《エー》

全《ぜん》問《もん》解《と》きおわってから！

問題集《もんだいしゅう》を解《と》いたときの答《こた》え合《あ》わせは、勉強《べんきょう》の復習《ふくしゅう》にもなるので、かならず自分《じぶん》でやろう。そのとき、1問《もん》ずつ答《こた》え合《あ》わせをするのと、全問解《ぜんもんと》いてからするのでは、どちらがいいと思《おも》う？

これは、実験《じっけん》で結果《けっか》が出《で》ていて、全問解《ぜんもんと》いてから一気《いっき》に答《こた》え合《あ》わせをする方《ほう》がいい。答《こた》え合《あ》わせまで時間《じかん》を空《あ》けた方《ほう》が、分散学習《ぶんさんがくしゅう》の効果《こうか》で、記憶《きおく》への定着《ていちゃく》が進《すす》むんだ。

丸《まる》つけってめんどうだからおうちの人《ひと》にやってもらってた…
自分《じぶん》で丸《まる》つけをするだけで その後《ご》の正解率《せいかいりつ》が3倍《ばい》になるというデータもあるよ！

Q《キュー》 覚《おぼ》えたことをすぐに忘《わす》れてしまう……

A《エー》 理《り》解《かい》を深《ふか》めることを意《い》識《しき》しよう

どうしても覚《おぼ》えられない内容《ないよう》がある場合《ばあい》、その内容《ないよう》を「よくわからないまま」覚《おぼ》えようとしている可能性《かのうせい》が高《たか》いね。

そんなときは、問題集《もんだいしゅう》などを何度《なんど》もやるより、「なるほど、そういうことか」と思《おも》えるようになるまで、一度《いちど》じっくりとり組《く》んでみよう。たとえば、「光合成《こうごうせい》」についてなら、ノートを1ページまるまる使《つか》うくらい、光合成《こうごうせい》についての説明《せつめい》を書《か》いたり、絵《え》を描《か》いたりしてみよう。

「光合成《こうごうせい》はかせ」になるくらい調《しら》べてノートに書《か》きだしてみるんだ

そこまでしたら忘《わす》れようにも忘《わす》れられない知識《ちしき》になるね！

Q《キュー》

集中力《しゅうちゅうりょく》を高《たか》める おすすめの音楽《おんがく》は？

A《エー》

勉強中《べんきょうちゅう》は 音楽《おんがく》は聞《き》かない方《ほう》が◎

じつは、勉強中《べんきょうちゅう》、音楽《おんがく》は聞《き》かない方《ほう》がよいんだ。音楽《おんがく》を聞《き》くことでリラックスはできるけど、集中力《しゅうちゅうりょく》が低下《ていか》したり、ミスがふえたりして、勉強効率《べんきょうこうりつ》がさがることが実験《じっけん》で明《あき》らかになっているよ。

音楽《おんがく》を聞《き》くなら、勉強《べんきょう》の前《まえ》に！　好《す》きな音《おん》楽《がく》を聞《き》くと、脳内《のうない》にドーパミンというやる気《き》を高《たか》める物質《ぶっしつ》が分泌《ぶんぴつ》されるから、勉強《べんきょう》にいどむモチベーションもあがるはずだよ。

どうしても
「音楽《おんがく》あり」がいいなら
クラシックやジャズなどの
歌詞《かし》がない曲《きょく》を選《えら》ぼう！
歌詞《かし》があるとその内容《ないよう》に
気《き》をとられてしまうからね

Q《キュー》 教材《きょうざい》はどんなふうに選《えら》べばいいの？

A《エー》 興味《きょうみ》をもてる教材《きょうざい》を「自分《じぶん》で」選《えら》ぼう

塾《じゅく》で決《き》まっている教材以外《きょうざいいがい》で、自習用《じしゅうよう》に教材《きょうざい》を買《か》う場合《ばあい》は、おうちの人《ひと》に買《か》ってきてもらうのではなく、書店《しょてん》などにいって自分《じぶん》で選《えら》ぶようにしよう！

実際《じっさい》に教材《きょうざい》を手《て》にとって、パラパラと中身《なかみ》を見《み》てみよう。興味《きょうみ》がもてそうなものや、読《よ》みやすいと感《かん》じるもの、「イラストが好《す》き」という理由《りゆう》でもOK《オーケー》だ。自分《じぶん》で選《えら》ぶこと自体《じたい》が、勉強《べんきょう》へのやる気《き》につながるよ。

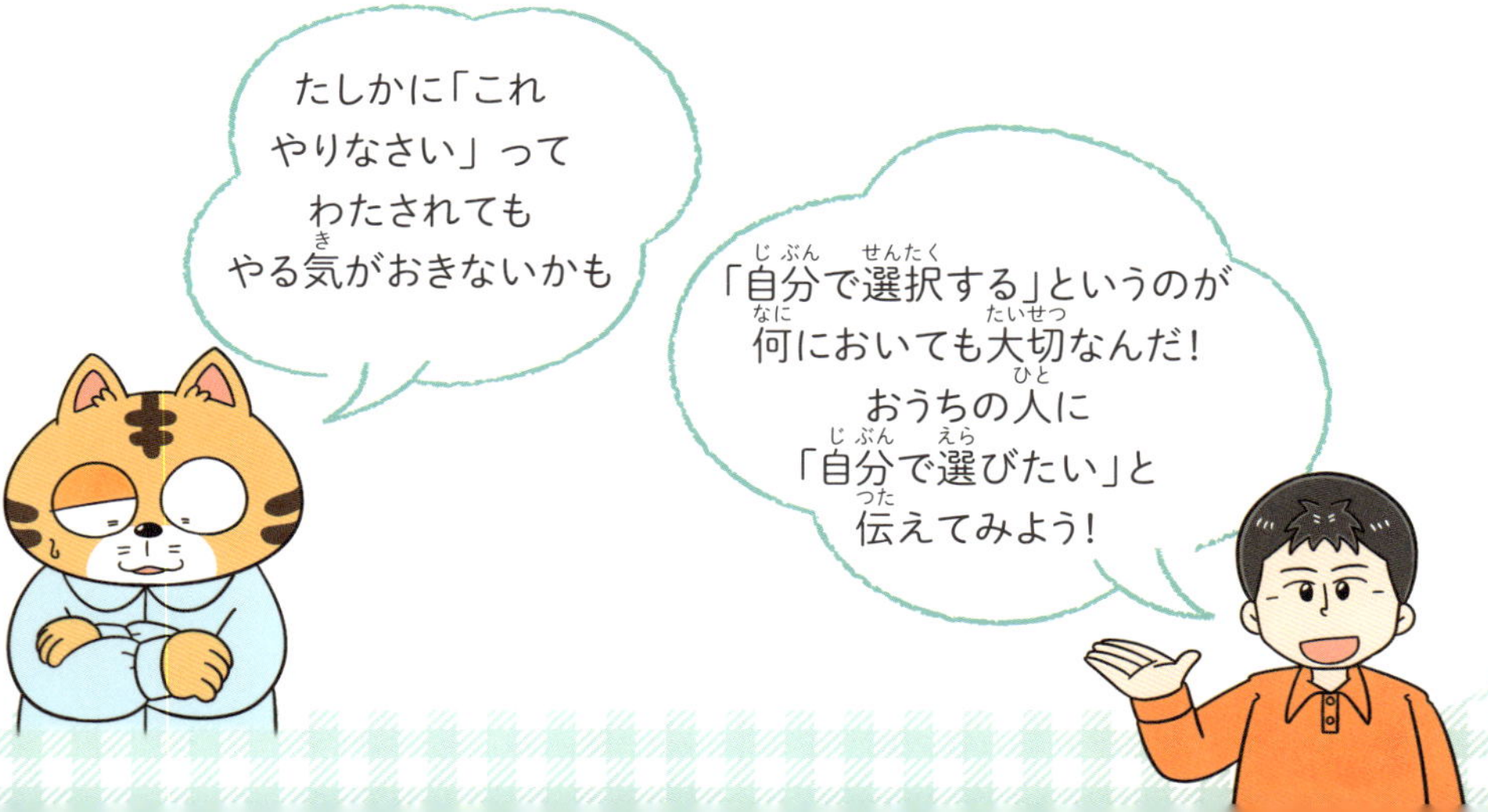
たしかに「これやりなさい」ってわたされてもやる気《き》がおきないかも
「自分《じぶん》で選択《せんたく》する」というのが何《なに》においても大切《たいせつ》なんだ！おうちの人《ひと》に「自分《じぶん》で選《えら》びたい」と伝《つた》えてみよう！

タイプ別《べつ》アドバイス

コツコツタイプ

お気《き》に入《い》りの教材《きょうざい》を見《み》つけたら、おなじものを２周《しゅう》、３周《しゅう》と解《と》いてみよう。前回《ぜんかい》からどれくらいのびたか、まちがえやすい問題《もんだい》はなんなのかを見《み》つけやすいよ。

やりすぎた
かも

アーティストタイプ

少《すこ》しあきっぽいところがあるから、おなじ教材《きょうざい》を何回《なんかい》もやるのは向《む》いていないかも。１冊《さつ》終《お》わったら、興味《きょうみ》をもてる教材《きょうざい》を探《さが》しに書店《しょてん》へいこう。

次《つぎ》はどれに
しようかなー

ワイワイタイプ

友《とも》だちとおなじ教材《きょうざい》を買《か》って、どこまで進《すす》んだかを報告《ほうこく》しあおう。それがむずかしい場合《ばあい》、おうちの人《ひと》に進《すす》み具合《ぐあい》を報告《ほうこく》して、ほめてもらうのもいいね。

プライドタイプ

自分《じぶん》で自分《じぶん》を「すごい」と思《おも》えるのは、おなじ教材《きょうざい》を何回《なんかい》も解《と》くこと？ それとも、ちがう教材《きょうざい》を何冊《なんさつ》も解《と》くことかな？　自分《じぶん》をほめられる方《ほう》を選《えら》ぼう。

Q《キュー》 勉《べん》強《きょう》中《ちゅう》に眠《ねむ》くなったらどうすればいい？

A《エー》 いったん寝《ね》てしまってつづきはおきてから！

眠《ねむ》る前《まえ》にきりがいいところまで終《お》わらせようと、がんばって勉強《べんきょう》をつづけようと思《おも》う人《ひと》もいるかもしれないね。記《き》憶《おく》の定着《ていちゃく》は、睡眠《すいみん》中《ちゅう》に進《すす》むから、眠気《ねむけ》をがまんするより、睡眠《すいみん》をはさんだ方《ほう》が効率《こうりつ》よく記《き》憶《おく》できるよ。

夜《よる》眠《ねむ》くなったなら、思《おも》いきって寝《ね》て、翌朝《よくあさ》続《つづ》きをやろう。昼間《ひるま》なら、お昼《ひる》寝《ね》休《きゅう》けいをはさんで再開《さいかい》するのがおすすめだよ。

眠気《ねむけ》をがまんしながらだと勉強《べんきょう》の効率《こうりつ》はあがらないよね

がまんすることにエネルギーを使《つか》うより勉強《べんきょう》に集中《しゅうちゅう》できるコンディションをととのえることに使《つか》いたい！

Q《キュー》

テストのとき緊張《きんちょう》で頭《あたま》がまっ白《しろ》になってしまう

A《エー》

心《こころ》を落《お》ちつけるルーティンをつくろう

冷静《れいせい》にテストにいどむには、「ルーティン」をつくるのがおすすめだよ。ルーティンとは、何《なに》かをおこなう前《まえ》にかならず決《き》まった「儀《ぎ》式《しき》」をすること。野球選手《やきゅうせんしゅ》が打席《だせき》に入《はい》るまえにバットを回《まわ》したりおなじ動作《どうさ》をくり返《かえ》したりするのも、ルーティンのひとつ。

ルーティンをすることで、「いつもといっしょだ。いつも通《どお》りにやればいいんだ」と心《こころ》を落《お》ちつかせることができるんだ。

「勉強《べんきょう》をはじめる前《まえ》に
目《め》をとじて大《おお》きく深呼吸《しんこきゅう》する」
という動作《どうさ》を ふだんからの
習慣《しゅうかん》にしてみよう!
テスト前《まえ》にもおなじ動作《どうさ》をすることで
ふだん通《どお》りの自分《じぶん》を
とりもどせるよ

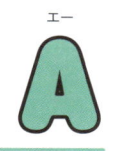

Q《キュー》 テストが返《かえ》ってきたときにした方《ほう》がいいことは?

A《エー》 時間《じかん》をおいてから「解《と》きなおし」をしよう

テストが返《かえ》ってきたら、結果《けっか》だけを見《み》て終《お》わらせてしまっていない? それは、とってももったいないよ!

返《かえ》ってきたテストは、かならず見《み》なおしておこう。解《と》けなかったところは、教科書《きょうかしょ》などを見《み》て解《と》きかたを確認《かくにん》し、次《つぎ》におなじまちがいをしないように「解《と》きなおし」をするよ。解《と》きなおしは、テスト後《ご》5~10日《か》あけてからおこなうと、分散学習《ぶんさんがくしゅう》になって記憶《きおく》に残《のこ》りやすいんだ。

テストが終《お》わってすぐにわからなかったところを確認《かくにん》するのじゃダメなの?

テスト当日《とうじつ》の確認《かくにん》だとそのときはわかった気《き》がするけど記憶《きおく》には残《のこ》りにくいんだ

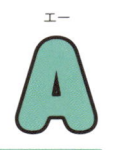

解《と》きなおしのやり方《かた》

1 テストの5〜10日《か》後《ご》に答案《とうあん》を見《み》なおす

テストを受《う》けてから5〜10日《か》たったら、テストを見《み》なおすよ。まちがえた問題《もんだい》だけでなく、「わからなかったけどカンで書《か》いたら当《あ》たった問題《もんだい》」も、理解《りかい》できていないので、チェックしておこう。

2 自力《じりき》で問題《もんだい》を解《と》きなおす

すぐに教科書《きょうかしょ》や解答《かいとう》を見《み》るのではなく、いったん自力《じりき》で、もう一度《いちど》解《と》いてみよう。緊張《きんちょう》などで実力《じつりょく》が出《だ》せなかったのか、その部分《ぶぶん》が理解《りかい》できていないのかを、明確《めいかく》にするよ。

3 教科書《きょうかしょ》を見《み》ながら解《と》いていく

教科書《きょうかしょ》や授業《じゅぎょう》でとったノートなどを見《み》かえして、理解《りかい》を深《ふか》めながら解《と》いていくよ。その後《ご》、さらに5〜10日《か》たったら、もう一度《いちど》おなじ問題《もんだい》に挑戦《ちょうせん》してみよう。自力《じりき》で解《と》けるようになっていたら、その問題《もんだい》はクリアできたということ！

Q《キュー》

中学受験《ちゅうがくじゅけん》ってした方《ほう》がいいの？

A《エー》

決《き》めるのは、きみ自身《じしん》よく考《かんが》えて選択《せんたく》しよう

中学受験《ちゅうがくじゅけん》にはメリットもデメリットもある。たとえば設備《せつび》がよかったり、勉強《べんきょう》の習慣《しゅうかん》が身《み》につきやすかったり、高校《こうこう》・大学《だいがく》への進学《しんがく》に向《む》けてスタートダッシュが切《き》れたりといったよさがあるね。一方《いっぽう》で、競争《きょうそう》のストレスはあるし、勉強《べんきょう》に時間《じかん》をとられて、それ以外《いがい》の色《いろ》いろな「体験《たいけん》」の機会《きかい》が少《すく》なくなる可能性《かのうせい》も。おうちの人《ひと》がはらうお金《かね》も多《おお》くかかるね。

おうちの人《ひと》とよく相談《そうだん》するのはもちろんだけど、大切《たいせつ》なのは、だれかにいわれてではなく、きみ自身《じしん》がどうしたいか、なんだ。

人《ひと》にいわれてだと受験勉強《じゅけんべんきょう》もがんばれないもんね
自分《じぶん》で判断《はんだん》するための情報集《じょうほうあつ》めとしてなら人《ひと》に話《はなし》を聞《き》くのも大切《たいせつ》だね 先生《せんせい》や友《とも》だちと話《はな》しあってみよう！

Q《キュー》

受験《じゅけん》するなら志望校《しぼうこう》は宣言《せんげん》した方《ほう》がいい？

A《エー》

大切《たいせつ》な人《ひと》、大好《だいす》きな人《ひと》には伝《つた》えてもいいけれど……

志望校《しぼうこう》を宣言《せんげん》することで、「いっちゃったし、やるしかない！」と、プレッシャーをがんばる力《ちから》にかえるという考《かんが》え方《かた》もあるね。一方《いっぽう》で、志望校《しぼうこう》をいいあうことで友《とも》だち同士《どうし》の関係《かんけい》がぎくしゃくしたりトラブルになったりという、残念《ざんねん》な例《れい》があるのも事実《じじつ》なんだ……。

志望校《しぼうこう》を打《う》ちあける相手《あいて》は、大好《だいす》きな家族《かぞく》や親友《しんゆう》、尊敬《そんけい》する先生《せんせい》など、自分《じぶん》のことを本気《ほんき》で応援《おうえん》してくれる人《ひと》だけにしておこう。

宣言《せんげん》がやる気《き》につながるタイプもそうでないタイプもいるね自分《じぶん》がどちらのタイプかも考《かんが》えてみよう
応援《おうえん》しあえる仲間《なかま》がいるとがんばれるからそういう人《ひと》には伝《つた》えたいな

Q《キュー》 塾《じゅく》に通《かよ》うならどんな塾《じゅく》を選《えら》んだらいい？

A《エー》 塾《じゅく》のタイプを見《み》きわめよう！

規模《きぼ》が大《おお》きく成績《せいせき》によってクラスが入《い》れかわったりする「大手塾《おおてじゅく》」、少人数《しょうにんずう》でいっしょに成績《せいせき》アップを目《め》ざす「小規模塾《しょうきぼじゅく》」、1対《たい》1で指導《しどう》を受《う》ける「個別指導塾《こべつしどうじゅく》」など、塾《じゅく》のタイプはさまざま。全員《ぜんいん》におすすめの塾《じゅく》というのはないから、自分《じぶん》に合《あ》う塾《じゅく》を探《さが》そう！

実際《じっさい》に体験授業《たいけんじゅぎょう》を受《う》けて、塾《じゅく》のシステムや指導方法《しどうほうほう》、生徒《せいと》の雰囲気《ふんいき》などを確認《かくにん》してから入《はい》ると、失敗《しっぱい》しにくいよ。

ぼくたちと
おなじように
塾《じゅく》にも
タイプがあるんだね！

中学受験《ちゅうがくじゅけん》に
力《ちから》を入《い》れていたり
苦手教科《にがてきょうか》の克服《こくふく》に
力《ちから》を入《い》れていたりと
いろいろなタイプがあるね
自分《じぶん》の目的《もくてき》に合《あ》う塾《じゅく》を
探《さが》してみよう！

タイプ別《べつ》アドバイス

プライドタイプ

成績《せいせき》によってクラス分《わ》けがあるような塾《じゅく》だと、勝《か》ちたい気《き》もちがやる気《き》につながるよ。ただし、背《せ》のびしすぎて「勝《か》てないレベル」の塾《じゅく》に入《はい》らないよう注意《ちゅうい》が必要《ひつよう》だね。

ワイワイタイプ

競争《きょうそう》をうながす塾《じゅく》よりも、小規模《しょうきぼ》で、まわりの生徒《せいと》や先生《せんせい》との距離《きょり》が近《ちか》い塾《じゅく》がおすすめ。まわりがライバルではなく、いっしょに勉強《べんきょう》する仲間《なかま》のような塾《じゅく》が◎。

コツコツタイプ

自分《じぶん》とむき合《あ》うタイプだから、どんな塾《じゅく》でもコツコツがんばれるよ。やった成果《せいか》が見《み》えるようにしてくれる塾《じゅく》を選《えら》ぶと、成績《せいせき》アップにつながるね！

アーティストタイプ

宿題《しゅくだい》が多《おお》く、課題《かだい》に追《お》われるような塾《じゅく》だと、好奇心《こうきしん》が満《み》たされず勉強《べんきょう》がきらいになりがち。ひとつひとつの教科《きょうか》をほりさげてくれる塾《じゅく》がぴったりだよ。

勉強《べんきょう》の効率《こうりつ》があがって趣味《しゅみ》に使《つか》える時間《じかん》が増《ふ》えたんだ
苦手科目《にがてかもく》がこわくなくなったし意外《いがい》とおもしろいかもって思《おも》うんだ
テストも「自分《じぶん》がどこまでできるかためしてやる」って気《き》もちでやるようになったよ
中学受験《ちゅうがくじゅけん》したらもっとやりがいあるかも～
勉強《べんきょう》が嫌《いや》じゃなくなってきたかも

うんうん
みんな勉強《べんきょう》への
とり組《く》み方《かた》がかわってきたね
攻略法《こうりゃくほう》って
勉強《べんきょう》が楽《らく》になるだけじゃ
なかっただろ？
今《いま》まで勉強《べんきょう》で苦労《くろう》していた分《ぶん》の
時間《じかん》やパワーを
自分《じぶん》の好《す》きなことや
未来《みらい》のために
使《つか》えるようになるんだ
勉強《べんきょう》とのつき合《あ》いは
まだまだつづくけど
これからも
おそれることなく
攻略《こうりゃく》していこう！
オー!!

1日5分!
タイプ別診断でわかる⑤

ラクラク攻略!
勉強のやり方

発行　2025年3月　第1刷

監修……菊池洋匡
イラスト……深蔵
発行者……加藤裕樹
編集……勝屋 圭
装丁・本文フォーマット…尾崎行欧　安井 彩　炭谷 倫
（尾崎行欧デザイン事務所）
DTP・本文デザイン……株式会社アド・クレール
編集協力……杤木 彩
（株式会社スリーシーズン）
算数パズル制作……パズル道場（パズル教育研究会）
発行所……株式会社ポプラ社
〒141-8210
東京都品川区西五反田 3-5-8
JR目黒MARCビル12階
ホームページ　www.poplar.co.jp
印刷・製本……中央精版印刷株式会社

ISBN978-4-591-18514-8　N.D.C.370　127p　21cm
Printed in Japan

P6052005

監修　菊《きく》池《ち》洋《ひろ》匡《ただ》

中学受験専門塾「伸学会」代表。算数オリンピック銀メダリスト。最新の教育心理学に基づいたスケジューリングやPDCAといった技術指導に加え、成長するマインドセットのあり方を育てるコーチングも手がける。主な著書に『小5までに身につけないとヤバい！　小学生のタイパUP勉強法』、『「やる気」を科学的に分析してわかった小学生の子が勉強にハマる方法』（いずれも実務教育出版）などがある。

63ページ「チャレンジ！算数《さんすう》パズル」の答《こた》え

魔《ま》方《ほう》陣《じん》パズル

Q《キュー》1

12	13	2	7
3	6	9	16
5	4	15	10
14	11	8	1

Q《キュー》2

14	5	11	4
2	9	7	16
3	8	10	13
15	12	6	1

穴《あな》あけパズル

Q《キュー》1：9個《こ》　Q《キュー》2：21個《こ》

切《せつ》断《だん》パズル

Q《キュー》1：正《せい》六《ろっ》角《かく》形《けい》　Q《キュー》2：五《ご》角《かく》形《けい》